संजीव शाह

संजीव शाह 'ओएसिस मूवमेंट' (इंडिया) के संस्थापक सदस्य हैं। उन्होंने व्यक्तित्व निर्माण एवं सामाजिक विकास से सम्बन्धित 100 से अधिक पुस्तक-पुस्तिकाओं का लेखन किया है, जिनकी लगभग 20 लाख प्रतियाँ प्रकाशित हो चुकी हैं। अंग्रेजी तथा कई भारतीय भाषाओं में उनकी पुस्तकों के अनुवाद हुए हैं। वे विद्यार्थियों तथा विभिन्न सरकारी संस्थाओं के लिए लीडरशिप कार्यक्रमों के प्रशिक्षक रहे हैं। किशोरों और युवाओं के लिए उन्होंने सलाहकार व मार्गदर्शक की महती भूमिका निभाई है। आयुर्वेद, दर्शन व अध्यात्म में उनकी गहरी रुचि है।

ई-मेल : sanjiv@oasismovement.in

रामशंकर पुजारी

रामशंकर पुजारी अध्यापक रहे फिर स्वैच्छिक सेवानिवृत्ति ली। लेखन और अनुवाद कार्य में सक्रिय हैं।

प्रेम
खोज, पहल और परिभाषा

संजीव शाह

अनुवाद
रामशंकर पुजारी

राजकमल पेपरबैक्स

राजकमल पेपरबैक्स में
पहला संस्करण : 2023

राजकमल पेपरबैक्स : उत्कृष्ट साहित्य के जनसुलभ संस्करण

राजकमल प्रकाशन प्रा.लि.
1-बी, नेताजी सुभाष मार्ग, दरियागंज
नई दिल्ली-110 002
द्वारा प्रकाशित

शाखाएँ : अशोक राजपथ, साइंस कॉलेज के सामने, पटना-800 006
पहली मंजिल, दरबारी बिल्डिंग, महात्मा गांधी मार्ग, प्रयागराज-211 001
वेबसाइट : www.rajkamalprakashan.com
ई-मेल : info@rajkamalprakashan.com

यश प्रिंटोग्राफिक्स
नोएडा-201 301 (उत्तर प्रदेश)
द्वारा मुद्रित

मूल्य : ₹150

PREM
Khoj, Pahal Aur Paribhasha
by Sanjiv Shah
Translated by Ramshankar Pujari

ISBN : 978-93-95737-96-8

झूठे प्रेम की आँधी में
सच्चे और अमर प्रेम के सन्देश का दीपक जलानेवाले
प्रत्येक साहित्यकार, कलाकार और सर्जक को

क्रम

प्रेम की परिभाषा

प्रस्तावना

लगभग 25 वर्ष पहले युवा मित्रों के लिए लिखे गए 'प्रेम' विषयक इस पुस्तक में कुछ परिवर्तन-परिवर्धन करके इसे पुनः प्रकाशित करते हुए स्वाभाविक रूप से पुराने दिनों की मधुर यादें ताजी हो गई हैं। इसे युवावस्था में लिखा था पर जीवन के मँझधार में भी वह उतना ही अर्थपूर्ण लगता है।

आज की युवा पीढ़ी को यह रोचक और उपयोगी लगेगा, ऐसी आशा है। इस पुस्तक के लेखों के संकलन, प्रकाशन और पुनः प्रकाशन में जिन मित्रों का योगदान रहा है, उनका हार्दिक आभार व्यक्त करता हूँ।

—संजीव शाह

भूमिका

मेरे युवा मित्रो,

यदि आप 'ओएसिस' के कार्यक्रमों के लाभार्थी नहीं हैं तो आप शायद ही यह मानते होंगे कि प्रेम सीखा जा सकता है अथवा वह सीखने का विषय है। और यदि आपने 'ओएसिस' के प्रेम विषयक शिविरों में भागीदारी की है तो आप यह जानते हैं कि प्रेम भी विज्ञान, गणित या भाषा-कला के विषयों की भाँति ही सीखा जा सकता है।

आप चाहे जो भी हों, आप शान्ति से आत्मनिरीक्षण करेंगे तो पाएँगें कि आप प्रेम देने और प्रेम पाने की अत्यन्त तीव्र इच्छा रखते हैं। आपको यह भी समझ में आएगा कि प्रेम को लेकर आपके जीवन में उथल-पुथल मची रहती है। कागज-कलम लेकर लिखने की कोशिश करेंगे तो आपको यह भी पता चलेगा कि आपके पास प्रेम विषयक प्रश्नों की एक लम्बी-चौड़ी लिस्ट भी है।

तो फिर पहले बनाइए प्रेम सम्बन्धी सवालों की लिस्ट और फिर देखिए, इस पुस्तक से आपको कितनों के जवाब मिलते हैं!

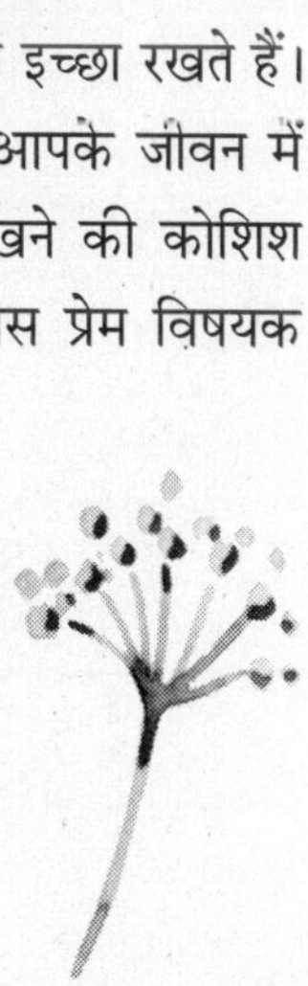

प्रेम की खोज

क्या यह प्रेम है?

प्रत्येक व्यक्ति प्रेम और ऊष्मा का अभिलाषी होता है। यह प्रेम और ऊष्मा उसे विभिन्न सम्बन्धों तथा भिन्न-भिन्न माध्यमों से मिलती भी है। बचपन में माता-पिता का वात्सल्य, भाई-बहनों का प्रेम, मित्रों की दोस्ती तथा अन्य परिवारजनों का स्नेह—इन सभी का अनुभव सामान्यत: प्रत्येक व्यक्ति करता ही है, लेकिन दुर्भाग्यवश उसे मिलनेवाले प्रेम की निरन्तरता बनी नहीं रहती अथवा उसे मिलनेवाला प्रेम उसकी अपेक्षाओं के अनुरूप नहीं होता। इसीलिए अधिकतर व्यक्ति प्रेम की खोज में हैरान अबोध की भाँति जीवन-भर भटकते रहते हैं।

एक समय ऐसा था जब मैं अपने जीवन में बड़ी शिद्दत से अकेलेपन का अनुभव कर रहा था। प्रत्येक व्यक्ति अपने जीवन के दौरान किसी न किसी समय इस प्रकार की भावना का अनुभव करता ही है। मैं ऐसा मानता हूँ कि आज जब हम 'प्रेम' जैसे अद्भुत शब्द को समझने का सामूहिक प्रयास कर रहे हैं तब सबसे पहले कुछ प्रतिकूल भावनाओं को समझने का प्रयत्न तो करना ही पड़ेगा। जिस प्रकार रोग या दर्द का मूल जाने बिना उसकी उचित चिकित्सा नहीं हो सकती अथवा जब तक हम स्वस्थ रहने के लाभ ठीक से नहीं समझ लेते तब तक उसे पाने के लिए किसी प्रकार का कष्ट नहीं उठाते, उसी प्रकार इस अकेलेपन की भावना को जब तक हम ठीक से पहचान या समझ नहीं लेंगे तब तक हम नहीं समझ सकेंगे कि प्रेम कितना अद्भुत है!

बच्चा जब जन्म लेता है, उस समय वह बिलकुल अज्ञानी होता है। वह कौन है, क्या कर रहा है, उसे क्या करना चाहिए, ऐसा कोई ज्ञान उसे नहीं होता। इस समय वह पूरी तरह से अपनी माता के सहारे होता है। प्राकृतिक रूप से ही वह अपने अस्तित्व को टिकाए रखने की सभी चीजें अपनी माँ पर छोड़ देता है। जब उसकी आवश्यकताएँ पूरी नहीं होतीं, वह रो देता है, माँ रोते हुए बच्चे को उठा लेती है, उसे सीने से लगा लेती है और उसकी जरूरतें पूरी करती है। इस प्रकार बच्चे को अकेलेपन की भावना नहीं सताती और वह माँ के साथ अभिन्नता का अनुभव करता है। जैसे-जैसे बच्चा बड़ा होता जाता है वैसे-वैसे उसका अलगाव बोध बढ़ता जाता है। वह धीरे-धीरे यह समझने लगता है कि वह और उसकी माँ तथा उसके आसपास की दुनिया—सभी अलग-अलग हैं। व्यक्ति जैसे-जैसे परिपक्व होता जाता है वैसे-वैसे उसकी यह जागृति बढ़ती जाती है।

विभिन्न लोगों, भिन्न-भिन्न विचारों, अलग-अलग परिस्थितियों के सम्पर्क में आने के बाद ही व्यक्ति को यह समझ में आता है कि ठीक उसके जैसा तो कोई है ही नहीं। कभी ऐसा लगता है, जैसे कोई उसे समझता है, तो कुछ समय बाद उससे मतभेद भी होने लगता है। लम्बे समय तक किसी के साथ ऐक्य का अनुभव नहीं कर पाता। इसके बाद वह व्यक्ति, यानी कि हम सभी एक ऐसी भावना की खोज में भटकते हैं जिसमें हमें एक तरह की सुरक्षा अथवा सन्तोष का एहसास हो तथा अलगाव बोध, अकेलेपन की भावना दूर हो सके।

मुझे तो ऐसा लगता है कि परिवार-प्रथा, गाँव, शहर, सामाजिक प्रवृत्तियाँ, क्लब, धर्म, सम्प्रदाय और सम्भवत: ईश्वर का अस्तित्व भी मनुष्य के अकेलेपन की भावना को दूर करने के प्रयासों के आभारी हैं! मुझे समझने का प्रयास कीजिएगा, वरना कहेंगे मैं भी क्या बेसिर-पैर की बातें कर रहा हूँ।

परिवार में जब किसी की मृत्यु होती है तब शेष परिवार जन एक-दूसरे को बाँहों में भरकर, एक-दूसरे को सान्त्वना देकर इस अकेलेपन के बोध से दूर रखने का प्रयास करते हैं। किसी भी आफ़त या मुसीबत के समय व्यक्ति अकेला न पड़ जाए, सभी को एक-दूसरे का सहारा मिल सके, व्यक्ति परस्पर मिलकर जीवन जी सकें, सम्भवतः इसीलिए तो परिवार प्रथा और समाज का निर्माण हुआ होगा न!

बात का सार इतना ही है कि प्रत्येक व्यक्ति अपने समग्र जीवन के दरम्यान जाने-अनजाने किसी-न-किसी प्रकार से अकेलेपन की भावना को दूर करने के लिए प्रयत्नशील तो होता ही है। कारण, चूँकि यह प्रक्रिया अधिकतर अनजाने में होती है, अतः मनुष्य अधिकतर अलगाव की भावना से, इस व्याकुलता या बेचैनी से मुश्किलों से लम्बे समय तक मुक्त रह सकता है।

अकेलेपन की यह भावना यानी क्या, इसे ठीक से समझने का प्रयास कीजिएगा। मैं थोड़ा और स्पष्ट करने का प्रयत्न करता हूँ कि मनुष्यों को ऐसी भावना कब-कब और कैसे-कैसे समय एवं किन संयोगों में होती है।

बच्चे खेल रहे हों और कोई एक बच्चा किसी कारण से खेल न सकता हो तथा सभी बच्चे उस पर ध्यान न देते हों तो उस समय वह बच्चा अकेलेपन का अनुभव करता है। फिर वह अपनी इस भावना को दूर करने, प्रेम और सांत्वना पाने के लिए रोते-रोते अपनी माँ के पास जाता है। जब भी कोई किशोर या किशोरी अपनी किसी लघुता ग्रंथि के कारण अथवा अपनी किसी बात में झेंप का अनुभव करती हो, ऐसे में जब तक कोई आकर उनके सिर या कन्धे पर हाथ रखकर उनकी झिझक दूर नहीं कर देता तब तक वह अकेलेपन का अनुभव करती रहती है। यह किशोर अथवा किशोरी अपनी बाल्यावस्था से बाहर आ जाने के कारण छोटी-छोटी बातों के लिए बार-बार अपने माता-पिता के पास नहीं दौड़ती। इसलिए किशोरावस्था से इस अकेलेपन की भावना

का प्रभाव बढ़ता ही जाता है। कठिन परिश्रम करने के बाद भी परीक्षा का परिणाम आशा के विपरीत आता है तब; खूब रोने का मन हो रहा हो और किसी के पास जाकर रो न सकते हों तब; उसके प्रश्नों, दुविधाओं और भावनाओं को सुनकर—उसे समझकर कोई दिलासा न दिलाए तब; उसका ही जिगरी दोस्त या प्रिय सखी जब उसी को हानि पहुँचानेवाला व्यवहार करे तब; उसकी ही खुशी अथवा हित के किसी काम के लिए कोई ठोस व सन्तोषजनक कारण बताए बिना बुजुर्गों द्वारा वह काम करने के लिए मना किया जाता है तब; उसके विचारों और भावनाओं की अवहेलना करते हुए उसकी हँसी उड़ाई जाती है तब... तब वह अकेलेपन की भावना का अनुभव करता है।

विवाह के कुछ वर्षों बाद मतभेद होने के कारण अपने जीवन साथी के प्रति असन्तोष पैदा होता है तब; नौकरी कर रहे हों और हमारा विकास बाधित करनेवाली हरकतें होने लगें तब; किसी भी स्थान पर हमारी उपेक्षा या अवहेलना होने लगे तब; बड़ी मेहनत से पाली गई अपनी सन्तानें ही जब आदर न करें, हमें सम्मान न दें, हमारी इच्छा के विरुद्ध व्यवहार करें तब; शरीर धीरे-धीरे रोगों का शिकार और दुर्बल हो रहा हो तब; बढ़ती उम्र में कोई सद्-प्रवृत्ति न हो तब; बाल सफेद हो रहे हों और कोई दादा-दादी कहकर हमें घोड़े जैसा बनने पर मजबूर न करता हो तब; उम्र बढ़ती जा रही हो और मौत सामने आकर खड़ी हो ऐसे समय में किसी की श्मशान यात्रा में जाना पड़े तब; अत्यधिक सत्ता का उपभोग करने के बाद, अधिक पैसा खर्च करने के बाद, बहुत बड़ा परिवार होने के बाद, खूब स्वजन और मित्र होने के बाद भी किसी से खूब आत्मीयता से अपनी व्यक्तिगत बात न कह सकें तब; ऐसे मनुष्य भीतर ही भीतर भयंकर अकेलेपन की भावना का अनुभव करते हैं।

कैसी होती है यह अकेलेपन की भावना? मनुष्य बहुत व्याकुलता का अनुभव करता है, खूब दुःखी होता है, बड़ी बेचैनी का अनुभव

करता है और भीतर ही भीतर व्याकुल होता है। उसके आसपास का जगत् इतना उलझन भरा होता है, इतना अधिक धोखेबाज लगता है कि समझ में ही नहीं आता कि वह क्या करे और कहाँ जाए!

> **वास्तव में उसे पता ही नहीं होता कि प्रेम और सांत्वना के अभाव के कारण ही वह इस भावना से आजीवन पीड़ित होता रहता है।**

कॉलेज में पढ़नेवाली एक लड़की 'ओएसिस' के शिविर में आई और फिर वह 'ओएसिस' में नियमित आने लगी। वह बहुत दुःखी और निराश दिखती थी। एक बार उसने मुझसे काउंसिलिंग के लिए मिलने आने को कहा और मैंने उसे मिलने का समय दिया।

वह निर्धारित समय से आधा घंटा देर से आई। फिर उसने बातचीत शुरू की। सम्भवत: उसके जीवन में उसे सुनने या समझनेवाला कोई नहीं मिला होगा। अपने दुःखों की बात कहते-कहते उसकी आँखों से आँसू बहने लगे। वैसे तो वह अच्छे और धनी परिवार से आती थी, लेकिन अपने माता-पिता के प्रति उसे बड़ी शिकायत थी। स्कूल के शिक्षक उसे जरा भी पसन्द नहीं थे। सहपाठी भी उसे चिढ़ाते रहते थे। संक्षेप में, वह अत्यन्त अकेलेपन की भावना से ग्रस्त थी और कभी-कभी तो उसे आत्महत्या के गम्भीर विचार भी आते थे। यह सब कहते-कहते वह बिलख-बिलखकर रोने लगी।

मैं उसे सांत्वना भरी नजरों से सुन रहा था। उसकी भावना ऐसी थी कि कोई उसे समझता नहीं है, वह किसी को अच्छी नहीं लगती, उसके प्रति किसी के मन में आदर नहीं है, उसका कोई दोस्त नहीं है, कोई उसकी परवाह नहीं करता आदि-आदि...

मैंने उसे दुबारा मिलने को कहकर विदा किया। मैंने उसे सुना, इसलिए अच्छा लगा होगा। जब दूसरी बार वह मिलने आई तब सबसे

पहले मैंने उसे पहली मुलाकात का सार दुहराया और पूछा कि मैंने उसे ठीक से समझा है या नहीं। उसने फौरन 'हाँ' कहा। मैंने उससे पूछा कि क्या वह चाहती है कि उसकी परिस्थिति बदले, और वह खुश रह सके? उसने फिर से स्वीकार में गरदन हिलाई।

मैंने उससे पूछा, "तुम्हारा कोई मित्र नहीं है, ठीक?"

उसने कहा, "हाँ!" इस पर मैंने पूछा, "क्या तुम स्वयं अपनी दोस्त हो?"

उसके पास फौरन कोई उत्तर नहीं था, वह सोच में पड़ गई। मैंने फिर कुछ प्रश्न पूछे—

"तुम शिकायत करती हो कि किसी को तुम्हारी कद्र नहीं है, लेकिन क्या स्वयं तुम्हें अपने गुणों या अपनी प्रतिभा की कद्र है?"

"तुम ऐसा कहती हो कि कोई तुम्हें समझता नहीं, परन्तु क्या तुम किसी को समझने का प्रयत्न करती हो, या तुम स्वयं अपने आपको समझ सकती हो?"

"तुम ऐसा कहती हो कि तुम किसी को पसन्द नहीं हो, परन्तु क्या तुम स्वयं अपने को पसन्द करती हो? स्वयं को सम्मान देती हो?"

तो क्या यह विचित्र बात नहीं लगती कि हम स्वयं अपने को सम्मान नहीं देते, स्वयं अपनी परवाह नहीं करते, स्वयं को पसन्द नहीं करते, स्वयं को नहीं समझते और अपेक्षा रखते हैं कि पूरी दुनिया हमें समझे, हमें सम्मान दे, हमें पसन्द करे!

क्या सीख चुके हैं हम?

प्रत्येक मनुष्य का अपना विशिष्ट व्यक्तित्व हो, और फिर भी वह सम्पूर्ण सृष्टि के साथ तादात्म्य स्थापित कर सके, और अकेलेपन की भावना से पीड़ित न हो—इसी में उसके जीवन की सार्थकता होनी चाहिए।

बदनसीबी से औसत व्यक्ति को अपनी अनन्यता, अपनी अलग पहचान की अनुभूति नहीं होती और अपने परिवेश, सृष्टि के साथ वह एकरूपता का भी अनुभव नहीं कर पाता। ये दोनों महत्त्वपूर्ण बातें सिर्फ एक ही प्रक्रिया द्वारा सम्भव हो सकती हैं, और वह है—'प्रेम'। हम उसे 'ईश्वर', 'आत्मा', 'जागृति' जैसे अलग-अलग नाम दे सकते हैं, परन्तु सम्भवतः ये सब एक ही हैं। फिर से विचार करेंगे और समझने का प्रयत्न करेंगे तो समझ पाएँगे, क्योंकि बात एकदम सरल है, फिर भी समझना उतना ही मुश्किल।

हम अकेलेपन से क्यों पीड़ित होते हैं? हम हमेशा प्रसन्न कैसे रह सकते हैं? जरा सोचिए, हम अकेले होते ही कितना ऊब जाते हैं? हमें अकेलापन सताता है और इस loneliness की भावना को दूर करने के लिए हम फौरन दोस्तों के घर चल देते हैं अथवा दोस्तों को फोन कर अपने घर बुला लेते हैं। यदि ऐसा मुमकिन न हो तो फिर म्यूजिक, मैगजीन, मोबाइल पर मैसेजिंग, व्हाट्सअॅप, सोशल मीडिया और ऐसा बहुत कुछ सर्च करने लगते हैं। बस, किसी भी तरह अपना समय व्यतीत

करते हैं। थोड़ा भी निष्क्रिय नहीं रह सकते, क्यों? इसके पीछे क्या कारण है, जानते हैं? हम जब अकेले होते हैं तब हम वास्तव में एकदम अकेले नहीं होते। हमारे साथ किसी की संगत होती है। किसकी? हमारी स्वयं अपनी। आपको शायद अचरज लगे, पर यह हकीकत है कि हम सदैव अपने साथ ही होते हैं। हमें अपना साथ होता ही है।

अब रोचक बात यह है कि हमें अपनी खुद की कम्पनी, अपना साथ पसन्द है या नहीं? हम स्वयं को पसन्द करते हैं या नहीं? हम स्वयं बोरिंग हैं या हम स्वयं को अत्यधिक प्रेम करते हैं? यदि हम खुद को बुरा मानते हों, खुद से डरते हों, खुद को बिलकुल पसन्द न करते हों, तो हम खुद से और एकान्त से दूर भागने की कोशिश करते हैं। We can't enjoy ourselves. अर्थात् हम अपनी संगत में खुश नहीं रहते और टीवी, मोबाइल, कम्प्यूटर, सोशल मीडिया आदि के उपयोग द्वारा खुद से भागने की कोशिश करते हैं।

जो व्यक्ति स्वयं को प्रेम करता है, वह एकान्त से दूर भागने के लिए बावरा नहीं बन जाता और इसीलिए वह अकेलेपन से पीड़ित भी नहीं होता। वह हमेशा अपने समय का उपयोग सार्थक, सर्जनात्मक उद्देश्यों के लिए करता है—उसे जहाँ-तहाँ समय बिताने की जरूरत नहीं रहती। वह व्यक्ति स्वयं अपना इतना अच्छा मित्र होता है कि उसे दूसरे मित्रों की जरूरत नहीं होती। इसीलिए स्वाभाविक रूप से कुसंगत करने की जगह वह खुद के साथ रहना पसन्द करता है।

जो व्यक्ति एकान्त में नहीं रह सकता,
वह क्या खुद को प्रेम करनेवाला हो सकता है?
जो व्यक्ति खुद को प्रेम नहीं कर सकता,
वह व्यक्ति क्या दूसरों से प्रेम कर सकता है?

प्रश्न यह है कि मानव-जीवन के केन्द्र को, जीवन की सार्थकता को स्पर्श करनेवाली इतनी महत्त्वपूर्ण बातें हमें सिखाई क्यों नहीं जातीं?

इस प्रश्न का कोई उत्तर मेरे पास नहीं है, सिवाय इसके कि जिस घोड़े पर आप बैठे हैं, उसी को न आँकने की भूल; जिस डाल पर बैठे हैं उसी को काटने की भूल मनुष्य सदियों से करता आ रहा है। इसलिए प्रेम के विषय में हमें कुछ सिखाया क्यों नहीं गया, इस चर्चा में नहीं पड़ना है। अधिकांश व्यक्ति जिस विषय को अपने जीवन में नहीं सीख पाते, उसे सीखने की कोशिश हम कर सकते हैं, ऐसा अवसर हमें मिला है। बदले में, कृतज्ञता ज्ञापित करते हुए हम अपने सम्मुख उपस्थित परिस्थितियों पर विचार करें।

हमें अब तक कुछ-न-कुछ तो सिखलाया ही गया है। पच्चीस साल की उम्र हो और बीस साल पढ़ाई की हो तो उसमें कुछ तो सीखा ही होगा न? इसलिए सबसे पहले हमने आज तक क्या सीखा है, उसे समझने का प्रयास करें। हमें जहाँ जाना है, वहाँ से हम कितने दूर या नजदीक हैं, यह यात्रा के प्रारम्भ में जान लेना बहुत ही जरूरी है, तो ही हम किस दिशा में जाना है, यह तय कर सकते हैं। हमें उत्तर दिशा में जाना हो और चलते-चलते चूक हो जाए तथा जब होश आये तो पता चले कि हम तो दक्षिण दिशा में चल रहे थे! तो 180 डिग्री 'पीछे मुड़' कहकर पुनः चलना पड़ेगा। समझते हैं न? कहाँ जाना है, किस दिशा में जाना है, इसका पता होना चाहिए। इतनी सावधानी रखनी चाहिए कि हम किस ओर जा रहे हैं। निर्धारित स्थान की ओर जाने के लिए सक्रिय प्रयास होना चाहिए।

प्रेम के माध्यम से हमें अपने व्यक्तित्व की अनन्यता की खोज करनी है और समग्र विश्व के साथ एकरूपता का अनुभव करना है, उसके साथ हम कैसे जुड़े हैं, यह समझना है। दिशा तय हो गई? अब हम इस समय कहाँ हैं, क्या कर रहे हैं उसे जानकर, क्या करने की आवश्यकता है, उस पर विचार करें तो उत्तर मिलेगा।

हमने आज तक क्या-क्या सीखा है? यदि प्रेम के सन्दर्भ में बात करें तो हम प्रेम यानी कि सेक्स, ऐसा कुछ मानते हैं। एक प्रयोग करके

देखिए, कभी किसी मित्र से कहिए कि मैं तो 'ओएसिस' में प्रेम के बारे में सीखने जाता हूँ। अधिकतर होगा यह कि आँखें मिचकाते हुए मित्र आप पर हँसेंगे, कोई तो विकृत टिप्पणी भी करेगा—और आप समझ जाएँगे कि लोगों की मानसिकता कैसी है? 'प्रेम' विषयक पुस्तक पढ़ रहे हों और कोई आकर पूछ बैठे, "क्या कर रहे हो?" तो उत्तर देने में थोड़ा संकोच होगा और जीभ लड़खड़ा जाएगी कि इस प्रश्न का क्या उत्तर दें? अथवा यदि "इस बार 'ओएसिस' में क्या किया?" प्रश्न के उत्तर में "प्रेम की कला सीखने का प्रयत्न किया" कहने में झिझक हो तो मनोवैज्ञानिक रूप से इसके दो कारण हो सकते हैं; पहला तो यह कि हमने मान लिया है प्रेम यानी कि सेक्स, अथवा यह कि प्रेम और सेक्स का गहरा सम्बन्ध है। और दूसरा यह कि हमने मान लिया है कि 'सेक्स यानी कुछ खराब'।

आपको ऐसा अनुभव न होता हो तो ठीक है वरना अपनी स्थिति के लिए जिम्मेदार गलत नतीजों की कभी शिकायत न करना! दक्षिण दिशा में जा रहे हैं, इस बात को झुठलाने से हम उत्तर दिशा में नहीं जा पाएँगे। प्रश्न वही है मित्र, कि प्रेम की बातें करने पर इतना संकोच, इतनी झिझक, इतनी हकलाहट क्यों होती है?

सन् 1991 में ऑफिस के काम से मुझे चंडीगढ़ जाना पड़ा था। मैं चंडीगढ़ पहली बार जा रहा था। ऐसा सुना था कि वह काफी व्यवस्थित और सुनियोजित शहर है। इसलिए नया शहर देखने की लालसा से मैं काफी उत्साहित भी था।

वहाँ पहुँचकर सबसे पहले मैं ऑफिस के काम के लिए निकल गया। शाम तक भूख-प्यास की चिन्ता किये बिना उत्साह और निष्ठा से अपना काम पूरा किया। फिर अपने आवास पर गया तथा फ्रेश होकर शहर देखने निकल पड़ा। मैं किसी नये शहर में

जा रहा होऊँ, दुकानों से गुजर रहा होऊँ तो पुस्तकों की दुकान पर जरूर रुक जाता हूँ। उस समय पुस्तकों की दुकानें बहुत कम थीं। अभी ऑनलाइन शॉपिंग का जमाना नहीं आया था अथवा ई-बुक, पीडीएफ भी नहीं मिलती थीं। इसलिए पुस्तक पढ़ने का विकल्प लाइब्रेरी अथवा पुस्तकों की दुकान ही थी। चंडीगढ़ में घूमते हुए भी पुस्तकों की एक बड़ी दुकान दिखाई दे गई और दुकान को देखते ही मुँह से लार टपकने लगी। पाँव स्वत: ही उस तरफ बढ़ गए।

मुझे पढ़ने का बहुत शौक था, लेकिन लाइब्रेरी में कुछ पुस्तकें पढ़ने के बाद अगर वहीं रुकने मन करे, तो मुश्किल होता है। एक तो पुस्तकों की दुकानें कम और कुछ चुनिन्दा पुस्तकें (विशेषत: विदेशों में प्रकाशित) जल्दी मिलती भी नहीं थीं। इन कारणों से मुझे जो पुस्तकें खरीदनी होतीं, उनकी लिस्ट बनाकर हमेशा अपने पास रखता। इस लिस्ट में सबसे ऊपर स्थान था एरिक फ्रॉम की 'आर्ट ऑफ लविंग' (Art of Loving) का। काफी समय से मैं इस पुस्तक को खोज रहा था। पुस्तक की दुकान दिखी और मैं फौरन उसमें घुसा और निकाल ली लिस्ट।

दुकान के स्टाफ का एक व्यक्ति फौरन दौड़कर मेरे पास आया, और पूछने लगा, "मैं आपकी कुछ मदद कर सकता हूँ?" मैंने तुरन्त कहा, "मैं यह पुस्तक खोज रहा हूँ।" मैं आश्चर्यचकित रह गया जब उसने सिर हिलाते हुए कहा कि यह पुस्तक मेरे पास है। मैं खुशी से गद्गद हो गया। मन में तृप्ति का एहसास हुआ, चलो एक खोज तो पूरी होगी।

वह व्यक्ति मुझे दुकान के भीतर आलमारियों के पास ले गया, और शीघ्र ही पुस्तक निकालकर मेरे हाथ में रख दी। पुस्तक का शीर्षक था, 'द आर्ट ऑफ लव-मेकिंग' जो कि एक सेक्स विषयक

पुस्तक लग रही थी। मेरे दिल की धड़कन जैसे बन्द हो गई। मुझे पता चल गया कि इसने ठीक से समझा नहीं। मैंने उससे दुबारा कहा, "भाई, मुझे एरिक फ्रॉम की 'आर्ट ऑफ लविंग' चाहिए, यह नहीं।" उसने कहा कोई बात नहीं, मैं आपको दूसरी दे रहा हूँ। उसने दूसरी पुस्तक निकाली, लेकिन वह भी सेक्स विषयक ही थी। मेरे बहुत समझाने के बाद भी उस व्यक्ति को 'लव यानी सेक्स' के अलावा कुछ समझ नहीं आया। अन्त में झुँझलाकर मैं बाहर आ गया।

बाद में इस प्रसंग पर मैंने खूब विचार किया—प्रेम के विषय में सामान्य लोगों की समझ कितनी अधकचरी है!

यानी, एक तो हम प्रेम और सेक्स को जाने-अनजाने किसी न किसी तरह से गड्ड-मड्ड कर देते हैं। मैं ऐसा नहीं कहता कि प्रेम और सेक्स का कोई सम्बन्ध नहीं है, लेकिन जिस प्रकार दोस्ती होने के लिए हाथ, पैर या आँखों का होना जरूरी नहीं है, उसी प्रकार प्रेम होने के लिए सेक्स का होना जरूरी नहीं है। यह समझना काफी सरल है। प्रेम मात्र पति-पत्नी के बीच ही नहीं, भाई-बहन, गुरु-शिष्य, मित्र और कई सम्बन्धों में होता है। बदनसीबी यह है कि हम प्रेम का नाम छिछले आकर्षण के बारे में ही लेते हैं।

सेक्स के अलावा प्रेम के नाम पर और कई चीजें हम सीख गए हैं जो हमें प्रेम से बहुत दूर ले जाती हैं। इन चीजों में कुछ हैं—स्त्री को वस्तु समझना, स्वामित्व-भाव, ईर्ष्या, अपेक्षाएँ आदि-आदि, इसकी सूची बनाइएगा। मनुष्य को किन-किन चीजों से बचना चाहिए, उसकी सूची बनानी ही चाहिए। यह 'गृहकार्य' नहीं है, 'जीवनकार्य' है, और इसे करना अनिवार्य नहीं है, लेकिन यह जीवन जीने के लिए अनिवार्य है!

इसके बाद, हमारे मन में एक प्रश्न तो उठना ही चाहिए—हम अनजाने में ये सब सीख चुके हैं, ऐसा कैसे कह सकते हैं?

कोई शिक्षक कक्षा-4 में स्वच्छता पर प्रवचन दे और पीरियड पूरा होने पर हाथ के कागज का गोला बनाकर कहीं भी फेंककर चलता बने, तो उसकी इस एक सेकंड की क्रिया का जो प्रभाव बच्चों पर पड़ेगा, वह आधे घंटे के स्वच्छता विषयक प्रवचन का नहीं पड़ेगा। माता-पिता व अन्य परिवारजनों, बुजुर्गों, शिक्षकों, राजनीतिज्ञों, मित्रों, पुस्तकों, फिल्मों, गीतों और अपने आसपास के वातावरण में स्थित अन्य प्रभावों (परिबलों) से हम बहुत कुछ सीख जाते हैं। हमेशा बुरा ही सीखते हैं, ऐसा नहीं है, लेकिन अधिकतर निरर्थक अथवा हानिकारक चीजें हम जल्दी सीख जाते हैं।

एक छोटा-सा उदाहरण दूँ, जिससे आप अपने विचारों को इस तरह व्यवस्थित कर सकते हैं। फिल्मी गीत तो सभी को अच्छे लगते हैं। उन गीतों में से हम क्या-क्या और किस तरह सीख लेते हैं, मनोविज्ञान की दृष्टि से यह एक बड़ा ही रोचक तथ्य है। फिल्मों ने और विशेषत: फिल्मी गीतों ने 'प्रेम' शब्द का अचार-मुरब्बा बना दिया है और इस चीज को समझना हमारे लिए बहुत जरूरी है। फिल्मी गीतों के कुछ उदाहरण देखें—

राम चाहे लीला चाहे लीला चाहे राम
इन दोनों के लव में दुनिया का क्या काम
इनका तो फंडा है सिम्पल-सा यार
गोली मारो तो पंगा आँख मारो तो प्यार!

पहली नजर में प्रेम हो जाता है या आकर्षण, यह गीत सेक्स के शिकंजे में जकड़े व्यक्ति का वर्णन ही करता है न, या कुछ और?

हम तेरे बिन कहीं रह नहीं सकते
तेरे बिना क्या वजूद मेरा
तुझसे जुदा अगर हो जाएँ तो

खुद से ही हो जाएँगे जुदा
क्योंकि तुम ही हो, अब तुम ही हो
जिन्दगी अब तुम ही हो।

यह गीत प्रेम का वर्णन करता है या हीनता बोध (लघुता ग्रंथि) का? जिस वस्तु से व्यक्ति अपना स्वतंत्र अस्तित्व भूल जाए अथवा अपनी जिन्दगी भूल जाए, वह तो लगभग आत्महत्या ही कही जाएगी या नहीं? और फिर?

तू प्रेमी, मैं प्रेमी, तू राजी, मैं राजी
फिर क्या डैडी क्या अम्मा
एक बस तू ही प्यार के काबिल
सारा जहाँ है निकम्मा!

क्या यही प्रेम है, जो सिखाता है कि पूरी दुनिया निकम्मी है? हम भी अगर इसी तरह गाने लगें और यही सब सीख जाएँ तो क्या हालत होगी? और ऐसी ही हालत युवक-युवतियों की होगी या नहीं?

मैनूँ इश्क दा लगिया रोग
मेरे बचने दी नैंयो उम्मीद
मुझसे कहने लगे हैं लोग
मेरे बचने दी नैंयो उम्मीद

इश्क ने जला दिया, सब कुछ भुला दिया
इश्क ने देखो कैसा अपना हाल बना दिया।

प्रेम रोग है? और फिर जानलेवा रोग, जिसमें बचने की कोई आशा ही नहीं, जिसमें व्यक्ति की हालत खराब हो जाती है?

तुम्हें कोई और देखे तो जलता है दिल
बड़ी मुश्किलों से फिर सँभलता है दिल

क्या प्रेम परावलम्बन है? क्या प्रेम कोई व्यसन है? क्या प्रेम ईर्ष्या है? और ईर्ष्या हो तो फिर क्या होगा?

मुझे रात-दिन बस मुझे चाहती हो
कहो न कहो मुझको सब कुछ पता है
छुपाती हो मुझसे ये तुम्हारी खता है।
अब ऐसे प्रेम का अन्त क्या होगा?
मेरा दिल जिस दिल पे फिदा है
वो बेवफा है, एक बेवफा है।

और फिर प्रेम के नाम से बरबाद व्यक्ति क्या सीखेगा?

प्यार में सौ उलझने हैं, प्यार मत करना
जीने-मरने का कोई इकरार मत करना
चाहत की बातों में समझो तो बस धोखा है
ये बातें सुनने से हमने तो दिल को रोका है।

बाबूजी धीरे चलना, प्यार में जरा सँभलना
हाँ, बड़े धोखे हैं...बड़े धोखे हैं इस राह में।

हम प्यार में जलनेवालों को चैन कहाँ...आराम कहाँ
प्रीत की अँधियारी मंजिल में चारों ओर सियाही
आधी राह में ही लुट जाए इस मंजिल का राही।

मिली खाक में मुहब्बत, जला दिल का आशियाना।

मुहब्बत की झूठी कहानी पे रोये
बड़ी चोट खाई जवानी पे रोये।

दिल में छुपाके प्यार का तूफान ले चले
हम आज अपनी मौत का सामान ले चले।

जीवन में ऐसा अनुभव हो तो फिर व्यक्ति प्रेम का अनुभव या प्रेम की व्याख्या कैसे करेगा?

शोखियों में घोला जाए फूलों का शबाब
इसमें फिर मिलाई जाए थोड़ी-सी शराब
होगा यूँ नशा जो तैयार, वो प्यार है।

अब आप स्वयं गीत सुनते समय सजग होकर शब्दों को ध्यान से सुनना। अधिकतर गीत हमें क्या सिखाते हैं? यदि हम प्रश्न नहीं करेंगे, सजग नहीं रहेंगे और इस प्रकार के ज्ञान से जीवन जीने लगेंगे तो हमारी मूल्यवान जिन्दगी की क्या हालत होगी? थोड़ी कल्पना तो कीजिए कि यदि अधिकतर गीत ऐसा बेहूदा प्रेम सिखाते हों तो हमारे समाज की हालत क्या होगी? जब भी मन को कुछ भा जाए, तब हम उसमें से कुछ 'सीख' भी जाते हैं। ऐसे कितने ही गीत हम रसपूर्वक सुनते हैं, जिनका अर्थ यदि गम्भीरता से समझने की कोशिश करें तो उनके उथलेपन के प्रति हमें आश्चर्य और नाराजगी होगी। ऐसे छिछले अर्थवाले फिल्मी गीतों का प्रवाह जब हमारे मन पर बहता है, तब उनकी सुन्दर सांगीतिक प्रस्तुति के कारण उनके छिछले संस्कारों का प्रभाव हमारे ऊपर पड़ता ही है। ऐसे गीत कम होते हैं (लेकिन होते हैं सही) जो प्रेम की विलक्षणता, पवित्रता और महानता प्रगट करते हों।

यदि ऐसा कहें कि देशभर की फिल्मों का इतिहास हमारे समाज में 'प्रेम' शब्द को समझने की असफलता की कहानी है तो कोई अतिशयोक्ति नहीं होगी। फिल्मों और फिल्मी गीतों का हमारे ऊपर पड़नेवाले बुरे प्रभावों का एक उदाहरण तो है ही। टीवी सीरियल, विज्ञापनों की मार, तथाकथित फैशन और सनक...इन सबका हम अन्धानुकरण करते हैं या नहीं? इन बातों के प्रति यदि हम अभी भी सजग नहीं हुए तो होनेवाले नुकसान को हम रोक नहीं पाएँगे।

प्रेम को लेकर अनेक किस्से हम पढ़ते या सुनते रहते हैं। लगभग सभी फिल्में 'प्रेम' विषय पर आधारित होती हैं। प्रेम अथवा प्रेम की खोज हमारे जीवन को दिशानिर्देशित करनेवाला एक प्रबल प्रभाव है। फिर भी हम मुश्किल से यह खोज पाते हैं कि सच्चा प्रेम क्या है?

तो क्या प्रेम आकर्षण है? कोई मृदु-मधुर भावना है?
किसी व्यक्ति से प्रेम होना ही प्रेम है?
क्या प्रेम किसी व्यक्ति के प्रति स्वामित्व का भाव है?
क्या प्रेम परावलम्बन, परोपकारिता या आलम्बन है?
क्या प्रेम एक ऐसा व्यसन है कि किसी के बिना नहीं रह सकते?
सारे संसार का तिरस्कार करके किसी के साथ जुड़नेवाला सम्बन्ध प्रेम है?
क्या किसी से ईर्ष्या होना, उससे जलन होना यही प्रेम है?
क्या किसी को बन्धन में रखकर अपनी इच्छा का गुलाम बनाना प्रेम है?
क्या जवानी में होनेवाला विजातीय आकर्षण ही प्रेम है?

प्रेम क्या है, यह समझने से पहले हमें इस विषय में स्पष्ट हो जाना चाहिए कि प्रेम क्या नहीं है।

क्या हम खुश हैं?

हम परिस्थिति का थोड़ा अधिक गम्भीरतापूर्वक और विस्तार से विश्लेषण करने का प्रयास करें।

हमें अपने आपसे ही कुछ मूलभूत प्रश्न पूछने की जरूरत है। वास्तव में तो हम ऐसे प्रश्न पूछते ही नहीं। अपनी जिन्दगी से उनका उत्तर पाने की कोशिश ही नहीं करते। इसी कारण जिन्दगी अस्त-व्यस्त हो जाती है, निरर्थक हो जाती है। और जब कभी हमें उसकी निरर्थकता का ज्ञान होता है, तब तक बहुत देर हो चुकी होती है जिससे हम और अधिक दुखी होते हैं।

प्रश्न कुछ इस तरह के होने चाहिए—

मुझे इतनी तकलीफ क्यों हो रही है? मुझे अपने जीवन से सन्तोष क्यों नहीं है? तथा मुझे गहरी शान्ति का अनुभव क्यों नहीं होता? मुझे अत्यन्त सुखी होने से क्या रोक रहा है? मैं आस्तिक हूँ, भगवान को मैं मानता हूँ, ईमानदारीपूर्वक व्यवहार करता हूँ, किसी का बुरा नहीं चाहता, तो फिर मेरे जीवन में इतनी नीरसता क्यों है? हमारे रोम-रोम में वास्तविक जीवन जीने का रोमांच क्यों नहीं होता? प्रकृति के अन्य स्वरूपों की तरह मैं भी प्रतिपल उत्सव क्यों नहीं मना पाता? नदी कैसे कल-कल बहती रहती है? सागर की लहरें उछलती रहती हैं! पक्षी कलरव करते ही रहते हैं! वृक्ष और जंगल अपनी मस्ती में झूमते ही रहते हैं...! मैं खुश क्यों नहीं हूँ?

The whole existence is so deeply celebrating each and every moment of life! What prevents me to do the same? Why am I unhappy?

हम अपना जन्मदिन कितने उत्साह से मनाते हैं? कितने खुश होते हैं! सभी मित्रों से काड्‌र्स व शुभेच्छाएँ पाकर अच्छा लगता है। भेंट या सौगात की अपेक्षा रखने में कोई बुराई भी नहीं है। यहाँ दो बातें समझनी हैं।

जब बाल सफेद होने लगते हैं, जीवन कुछ खाली-खाली लगने लगता है, तब औसत व्यक्ति अपना जन्मदिन मनाने का रोमांच और उत्साह खो बैठता है। भले ही बाहर जैसे-तैसे जन्मदिन मना लेता हो, लेकिन शेष वर्ष वैसी खुशी में नहीं बिता पाता। जब चढ़ता खून हो, कोई शारीरिक तकलीफ न हो, कोई तनाव न हो, तब जन्मदिन मनाना सरल होता है।

अधेड़ उम्र में जब जीवन में पूरी तरह से संघर्षों की शुरुआत हो चुकी हो, भूख न लगती हो, रोगों ने घर करना आरम्भ कर दिया हो, समस्याओं से दिन की शुरुआत और अन्त होता हो और शक्ति क्षीण होती जा रही हो, तब ऐसा लगता है कि जन्मदिन क्या मनाना? कदम तो अब मृत्यु की ओर चल पड़े हैं।

40-50 वर्ष की उम्र के बाद आप जन्मदिन सचमुच तभी मना सकते हैं जब जिन्दगी उल्लास से भरी हो, छलकती हो। आप वाकई कुछ अर्थपूर्ण कर रहे हों जो इच्छा के विरुद्ध न हो। अपने जीवन जीने का कोई अर्थ हो तब जन्मदिन मनाने का जो आनन्द आता है, वह साधारण जीवन नहीं दे सकता।

ऐसा तभी कर पाएँगे जब हम हर दिन को, हर पल को उतने ही उत्साह से जिएँ, जितने उत्साह और उमंग से हम अपना जन्मदिन मनाते हैं। इस बात को गम्भीरता से लेने की आवश्यकता है। ऐसा मान लेना कि इसमें कोई बड़ी बात नहीं है; उस समय भी हम अपना जन्मदिन

मनाएँगे ही, और इससे आगे कोई विचार न करना; यह वैसा ही होगा जैसे आप आँख बन्द करके जिस डाली पर बैठे हैं, उसी को काट रहे हैं और यह मान लिया है कि हम गिरेंगे नहीं।

बात जन्मदिन मनाने या न मनाने की नहीं है बल्कि हर दिन कुछ ऐसा करने की है जो हमें दिन ढलने पर गहरे सन्तोष से भर दे। हमें ऐसी खुशी दे, जो जन्मदिन पर मिलती है। वही उत्साह, वही उमंग हर दिन बनी रहे तो जीवन कितना रसमय बन जाएँ!

फिर से मूल प्रश्न पर आ जाएं—

Why I am so unhappy? Or, what prevents me to celebrate each and every moment of my life, my existence? What is wrong?

मैं किसलिए हमेशा अतिशय प्रसन्नता, शान्ति और सन्तोष का अनुभव नहीं कर पाता? क्या गलत हो रहा है?

प्रश्न का उत्तर भी झकझोर देनेवाला है।

हम ईश्वर में विश्वास करते हों, फिर भी लाभ न हो अथवा कुछ अनिच्छित हो जाए, हानि हो तो कभी-कभी ईश्वर पर से हमारी श्रद्धा उठ जाती है। ऐसा भी हो सकता है कि ईश्वर बदल जाए। परीक्षा में पास होने के लिए सरस्वती और डर लगे तब हनुमानजी, हिसाब-किताब एवं फायदे की बात है! 'हनुमान चालीसा' काम न आए तो गायत्री-मंत्र...!

कई बार हमारी श्रद्धा कम हो जाती है और मन के एक कोने में भगवान को कोसते भी रहते हैं। 'हनुमान चालीसा' की अपेक्षा गायत्री मंत्र अधिक प्रभावशाली है, ऐसी चर्चा भी कर लेते हैं। हमारा धर्म बड़ा महान है, ऐसी डींग भी हाँकते हैं, फिर भी अपने दु:खों के लिए ईश्वर को दोषी मानने से हिचकते नहीं हैं।

केवल 'हनुमान चालीसा' या ईश्वर ही नहीं, अपनी समस्याओं और अपने दु:खों के लिए हम अपने मित्रों, माता-पिता, परिवारजनों, अपने शिक्षकों—प्रश्नपत्र बनाने और जाँचनेवालों को भी दोषी मान लेते

हैं क्योंकि यह सुविधाजनक होता है। दोष देने के बाद भी हम सतत् दुखी रहते हैं।

Why I am so unhappy? What is wrong?

उत्तर झकझोर देनेवाला है।

I am wrong. Nothing else is wrong.

यदि मैं प्रसन्न नहीं हूँ तो मैं ही गलत हूँ। मेरा जीवन झूठा है, अधूरा है। मेरी एप्रोच (अधिगम) गलत है वरना मेरे दुःखी होने का कोई कारण नहीं है। इसे स्वीकार करना बड़ा मुश्किल है, लेकिन बात सत्य है। कटु है, लेकिन हितकारी है। यह स्वीकार करना ही सुखी होने का पहला चरण है। इसके अलावा सुखी होने का दूसरा कोई रास्ता ही नहीं है।

If you are happy, you are right.
If you are unhappy, you are wrong.

जब तक हम अपने जीवन की, जीवन के प्रत्येक क्षण की, अपनी खुशी की, अपने सन्तोष की, अपनी सफलता की और सार्थकता की जिम्मेदारी स्वयं नहीं लेंगे तब तक यही एप्रोच, यह अधिगम हमें दुःखी रखेगा।

कस्तूरी मृग ऐसा मानता है कि सुगन्ध किसी और जगह से आ रही है और वह सुगन्ध के लिए भटकता रहता है जबकि सुगन्ध देनेवाली कस्तूरी तो उसकी नाभि में ही रहती है।

दुःख का मूल—अपेक्षाएँ

'यदि व्यक्ति पीड़ित हो रहा हो, दुःखी हो और असन्तुष्ट हो तो इसके लिए वह व्यक्ति स्वयं जिम्मेदार है। उसकी एप्रोच ही ऐसी है, दूसरा कुछ भी नहीं।' मैं इस कथन के प्रमाण देना चाहता हूँ। एकदम दिल से कह रहा हूँ। मेरी प्रार्थना है कि उसे दिल से समझने का प्रयास करें।

यह समस्या वर्तमान की ही नहीं, हमेशा की है। जिस परिवार में सभी सदस्य खूब मिल-जुलकर रहते हों, किसी को किसी से शिकायत न हो, ऐसा परिवार मिलना दुर्लभ है। आदर्श परिवार दिखाई दें, वह मुश्किल से होनेवाली घटना बन गई है। यह एक सर्वसामान्य सत्य है, जिसे स्वीकार करने के लिए शायद ही कोई तैयार हो! परिवार की आबरू का प्रश्न है न! सुख-दुःख तो ठीक है, आबरू नहीं जानी चाहिए।

विशेषकर सन्तानों के युवा होने पर माता-पिता और उनमें परस्पर एक-दूसरे से शिकायत हो, यह एक सामान्य बात है।

माता-पिता को यह शिकायत रहती है कि लड़के हाथ से निकल गए, पूरा दिन मित्र-मंडली में ही रहते हैं, पढ़ाई में ध्यान नहीं देते, घर में टिकते ही नहीं, जिम्मेदारी का कोई भान नहीं है, विवाह के बारे में मनमानी करते हैं, पैसा खर्च करने में मितव्ययी नहीं हैं आदि-आदि...

माता-पिता और सन्तानें—दो पक्ष बन जाते हैं। दोनों पक्षों के पास, दूसरे पक्ष को क्या करना है, उसकी टिप्पणी—आलोचना, राय-सलाह, उपदेश आदि होते हैं, लेकिन दूसरा पक्ष स्वीकार करने को तैयार हो तब न!

परिणामस्वरूप, माता-पिता और सन्तानों को एक-दूसरे के प्रति इतना ज्यादा असन्तोष होता है, इतना ज्यादा संताप, वाद-विवाद, अशान्ति, झगड़ा आदि दूसरों को दिखाई न देता हो, मगर भीतर ही भीतर उबलता रहता है। यह ज्वालामुखी की तरह फूट पड़ने के लिए खदबदाता रहता है! और वह ज्वालामुखी फटता भी है। फटता है या नहीं?

ऐसी परिस्थिति में *"If you are happy, you are right. If you are unhappy you are wrong"* का समीकरण लगाकर देखते हैं। इस नियम के तहत माता-पिता और सन्तानें सभी का अधिगम गलत होना चाहिए, क्योंकि सभी को असन्तोष है, सभी पीड़ित हैं।

परिस्थिति को वैसे ही रखकर दोनों पक्षों पर विचार करते हैं। प्रथम पहलू यह है कि क्या माता-पिता इस परिस्थिति में भी सुख, सन्तोष और शान्ति प्राप्त कर सकते हैं?

अपनी सन्तान जब सफलता प्राप्त करती है तो प्रत्येक माँ-बाप को गौरव होता है, जो योग्य भी है। अपने संस्कार, अपना लालन-पालन, अपनी मेहनत सार्थक होती हो तो किस माँ-बाप को गर्व नहीं होगा? लेकिन जब सन्तान की वाणी, वर्तन या विचार में दूषण आ जाता है तब भी उन्हीं संस्कारों और मेहनत की बात आएगी। यहाँ जिम्मेदारी स्वीकार करना महत्त्वपूर्ण है। *"मेरे बच्चे जैसे भी हैं, उसके लिए हम जिम्मेदार हैं। अच्छे हैं तो हमें गर्व है, बुरे हैं तो हमें दुःख है। अवश्य हमारी कोई कमी रह गयी होगी, उसमें बच्चों का कोई दोष नहीं, हमारा दोष है।"* गाँधी जी ने ऐसा स्वीकार किया था और

ऐसा स्वीकार करने में बड़ी ईमानदारी, निखालिसता और साहस की जरूरत होती है।

"बच्चे घर में नहीं टिकते? क्यों? उन्हें मित्रों से ऐसा क्या मिलता है जो हम नहीं दे पाते? अब जब वे वयस्क हो चुके हैं तो हम उन्हें मित्र क्यों नहीं मान लेते? उन्हें जो करना है करें, हमारे दिलों की दूरियाँ तो नहीं बढ़ेंगी! मतभेद भले हो, मनभेद तो नहीं होगा न!"

अथवा फिर अध्ययन और आजीविका के बारे में, विशेषत: परीक्षाओं के समय में एक पुत्र कुछ ऐसा सुनने के लिए तरसता रहता है—

"बेटा, अभी जितनी मेहनत करोगे, तुम्हारा भावी जीवन उतना ही अच्छा बनेगा। हमसे जो बन पड़ेगा वो सब करेंगे, बस कोई कसर मत रखना। तुम खा-पीकर मस्त रहो, कोई तकलीफ हो तो हमसे कहना। लेकिन अपनी ओर से मेहनत में कोई कसर न छोड़ना। व्यर्थ की चिन्ता मत करना। जो होता है, हमेशा अच्छे के लिए होता है। बेटा, ईश्वर पर भरोसा रखकर परिश्रम करना।"

"बेटी, अब तुम्हारी उम्र विवाह के योग्य है। तुम पढ़ रही हो, होशियार हो और समझदार भी। तुम्हें जब भी उचित लगे, जब भी आवश्यक लगे, तब तुम्हारे योग्य पात्र के लिए हम कोशिश अवश्य करेंगे। तुम बिलकुल चिन्ता मत करना। खूब सोच-विचार कर ही अपनी पसन्द के पात्र से विवाह करना। तुम जहाँ भी रहो, खुश रहो, सुखी रहो। इसके अलावा हमें और क्या चाहिए?"

ऐसी कोई बेटी न होगी जिसकी आँखें यह सुनकर छलक न आएँ।

हमसे जितना हो सकता था हमने किया, ऐसा मुक्तरूप से स्वीकार करनेवाले माता-पिता कभी दु:खी नहीं होते। सच्चा प्रेम करने में जो

आनन्द मिलता है, उसके सामने और सब मिथ्या है। खलील जिब्रान ने कितना सही कहा है—

"माता-पिता के पास अपनी सन्तान से प्रेम करने के सिवा दूसरा कोई अधिकार नहीं है।"

वास्तव में तो एक मनुष्य के पास भी दूसरे मनुष्य को प्रेम करने के अलावा दूसरा कोई अधिकार नहीं है, ऐसा कहें तो भी उचित रहेगा न?

अब दूसरे पक्ष का विचार करें। सन्तानें जब माता-पिता की शिकायत करती हैं, तब तो यह हद हो जाती है। हम सन्तान होकर किसकी शिकायत कर रहे हैं?

जिन माता-पिता ने हमें जन्म दिया है, कष्ट सहन कर हमें पाला-पोसा है, बचपन में ही नहीं, आज भी हमारे सुख-दुःख का खयाल रखते हैं, हमारी अच्छी पढ़ाई के लिए सुविधाएँ प्रदान करते हैं, जैसे भी हो, हमारी माँगें पूरी करने का प्रयत्न करते हैं, ऐसे माता-पिता को समझने की कोशिश करनी चाहिए या उनकी शिकायत करनी चाहिए?

और, यदि स्वतंत्रता इतनी ही प्यारी हो, तो रहो अकेले—तब पता चलेगा कि स्वतंत्रता की कीमत क्या होती है? स्वतंत्रता शौक नहीं, जिम्मेदारी है। जब तक पूरी जिम्मेदारी नहीं उठा सकते तब तक पूरी स्वतंत्रता कैसे माँग सकते हो? और यदि जिम्मेदारी उठाने का साहस है, तो आप स्वतंत्र तो हो ही!

जिस प्रकार माता-पिता के लिए सन्तानें चाहे जितनी बड़ी हो जाएँ तो भी वे सन्तानें ही रहती हैं, उसी प्रकार सन्तानों के लिए माता-पिता हमेशा माता-पिता ही रहते हैं, यह बात समझनी चाहिए। यह बात भी समझ लेनी चाहिए कि माता-पिता भी इनसान हैं। उनकी भी उलझनें

हैं, उनकी भी समस्याएँ हैं, उनकी भी मर्यादाएँ हैं। क्या हम उन्हें उसी रूप में स्वीकार कर लेते हैं? उन्होंने जो किया है, उसकी कद्र न करके और अपेक्षाएँ क्यों थोपते जाते हैं? क्या यह हमारी संवेदनहीनता और कृतघ्नता नहीं है?

जहाँ परिपक्वता होती है वहाँ शिकायत नहीं होती, स्वीकार होता है। आशा और अपेक्षा में अन्तर होता है। आशा में प्रार्थना है, जबकि अपेक्षा में जबरदस्ती। आशा फलीभूत न होने पर मनुष्य दुःखी नहीं होता, अपेक्षा दुराग्रह है जो मनुष्य को अधिकतर दुःखी ही करती है।

इतना समझने के बाद भी हम अपेक्षाएँ नहीं छोड़ पाते। मनुष्य के मन की स्वच्छन्द इच्छाओं का कोई अन्त नहीं है...!

स्वामित्व भाव

हम उन बातों का विश्लेषण कर रहे हैं, जिन्हें हम जाने-अनजाने सीख चुके हैं। इसे ध्यान में रखते हुए एक और उदाहरण द्वारा उन्हें समझने का प्रयत्न करें। उसके बाद ही हम जो गलत सीख चुके हैं, उन्हें मिटाने का प्रयास हो पाएगा।

मनुष्य का वस्तुकरण मनुष्य को किसी वस्तु की तरह देखने की एप्रोच और स्वामित्वभाव भी ईर्ष्या, अपेक्षा आदि की तरह हैं, जो हमें सच्चा प्रेम करने से रोकते हैं।

मेरा घर, मेरा चश्मा, मेरी घड़ी, मेरे कपड़े, मेरा स्कूटर...यह सब सही है। लेकिन मेरा मित्र, मेरी पत्नी, मेरा चपरासी...ऐसा कहने पर एक समस्या हो सकती है।

मेरा मित्र यानी मेरा ही मित्र, वह केवल मेरे साथ ही समय बिताए, जो मैं कहूँ, वह सब चुपचाप सुनता रहे और सभी चीजों में मुझे समझे तथा मैं जो कहूँ, जो चाहूँ उसी प्रकार करे! मुझसे अलग न कुछ कहे, न कुछ करे!

मेरी पत्नी यानी मेरी ही, किसी दूसरे की नहीं। किसी अन्य से वह बोले भी क्यों और हँसे भी क्यों? बस वह मेरे साथ ही बात करे, मेरी ही वफादार रहे, मुझे ही अपना परमेश्वर और मुझे ही अपना संसार माने।

मेरा चपरासी केवल मुझे ही पानी दे। मेरे अधीन काम करनेवाले किसी अन्य व्यक्ति को मेरी अनुमति के बाद ही पानी दे। उसे बाथरूम

जाना हो तो भी मुझे बताकर, मेरी अनुमति लेकर जाए कि, *"साहब मुझे दो मिनट बाथरूम जाना है, क्या मैं जा सकता हूँ?"* मेरी आज्ञा, मेरे आदेश के अनुसार ही वह कार्य करे और थोड़ा भी अनादर करे तो मैं क्रोधित हो जाऊँ।

क्या है यह सब?

एक मनुष्य दूसरे मनुष्य को गुलाम क्यों बनाना चाहता है, मनोविज्ञान की दृष्टि से यह बड़ी पेचीदी बात है। मनुष्य को इस प्रकार की बीमारी क्यों होती है यदि इसे समझा जा सके तो कितना अच्छा हो! जिस पत्नी पर जुल्म हो रहे हों, वह अपने पति को कितना धिक्कारती होगी! यदि विवाह के लिए उस पति को दुबारा चुनना हो तो पत्नी ऐसे पति की तरफ देखेगी भी नहीं! जिस मित्र पर मालिकाना भाव हावी हो रहा हो, वह मित्र एक सीमा के बाद इसे बरदाश्त नहीं करेगा। स्वामित्व भाव के साथ कोई भी सम्बन्ध या मैत्री टिक नहीं सकती। यदि टिकी हुई दिखाई भी देती है तो वह केवल दिखावा है, दम्भ है। उसमें सच्चाई नहीं होती। यदि उस चपरासी का बस चले तो उन साहब को मौत की सजा दे दे अथवा सिर मुड़वाकर चेहरे पर कालिख पोतकर, गधे पर उलटा बैठा पूरे शहर में घुमाए!

यदि इतनी छोटी-सी बात समझ में आ जाए तो उस पति की या उस जबरदस्ती करनेवाले मित्र की या उस तानाशाह साहब की आदतें बदल सकती हैं। जब मनुष्य को गुलाम न समझकर केवल मनुष्य समझा जाए और मानवता को शोभा देनेवाला व्यवहार उसके साथ किया जाए तो उसे मिलनेवाला सम्मान किसी और तरीके से नहीं मिल सकता।

यदि पत्नी मुझसे दूर हो रही है तो इसमें मेरा ही कुछ दोष होगा न? मुझे देखकर मेरे मित्र बगलें झाँकने लगें, मेरी अवहेलना करने का

प्रयास करने लगें तो जरूर मेरा ही दोष होगा न? चपरासी के व्यवहार में मेरे प्रति कुछ अनुचित लगता है तो उसमें मेरी भी जिम्मेदारी हो सकती है न?

ऐसे प्रश्नों को न पूछ सकनेवाला मनुष्य पीड़ा भोगता रहता है, कुढ़ता रहता है, व्याकुल रहता है, दुःखी होता रहता है। कारण यह है कि दुःख का मूल वह अपने को नहीं, दूसरे को मानता है।

एक सुन्दर प्रयोग करने योग्य है। सामनेवाले व्यक्ति को पूरी स्वतंत्रता देना और सच्चे मन से, सच्ची निष्ठा से उसका मन हो तभी उसके साथ बात करना, चर्चा करना। यदि वह चाहे तो सलाह देना, लेकिन उससे स्पष्ट भी कर देना कि, *"देख भाई, अब तुझे जो निर्णय लेना हो, तू ले सकता है। मुझे हमेशा स्वीकार नहीं भी हो सकता। क्योंकि जीवन तेरा है और निर्णय भी तेरा है।"* इन बातों से कितनी सुखद अनुभूति होती है! दोनों व्यक्ति मुक्त होते हुए भी परस्पर प्रेम के तन्तुओं से बँधे रहते हैं।

स्वीकारोक्ति की यह भावना, मुक्तता का यह अनुभव ही वास्तविक अनुभव है और किन्हीं भी दो वयस्क लोगों के बीच यह सम्भव हो सकता है, होना भी चाहिए।

परन्तु ऐसा होता ही नहीं है! कारण कि स्वामित्व भाव हमारे खून में दौड़ रहा है। बदनसीबी से हम इस वस्तु को इतनी गहराई से सीख गए हैं कि इसे समूल नष्ट करने हेतु एक भगीरथ प्रयास करना होगा।

तू हमारी थी, जान से प्यारी थी,
तेरे लिए मैंने दुनिया सँवारी थी,
तू औरों की क्यों हो गई?

शिकायतें, शिकायतें और केवल शिकायतें।

तुम्हें अपना बनाने की कसम खाई है, खाई है...

सिलसिला शुरू ही है...! यह सब इस तरह से परोसा जाता है कि अनजाने में हमारे मन पर ऐसा प्रभाव पड़ता है कि ऐसा करना ही सत्य है। फिल्म का नायक ऐसा गाएगा, तभी नायिका उस पर फिदा होगी! हमारे मन पर ऐसा असर होता है कि ऐसा करने में ही बहादुरी है!

कुछ गम्भीर विचार करके मन में एक निश्चय करने की जरूरत है कि, "मैं ऐसी सावधानी रखूँगा जिससे मेरे व्यक्तित्व पर किसी भी वस्तु अथवा माध्यम का नकारात्मक प्रभाव न पड़े। मुझे कैसा बनना है, यह मेरा चुनाव है और सही चुनाव करने की परिपक्वता अब मुझमें है।"

बस, यदि निश्चय दृढ़ होगा तो धीरे-धीरे दक्षिण दिशा से मुँह घुमाकर उत्तर की तरफ जा सकेंगे—सही दिशा की ओर, जहाँ प्रेम है, सच्चाई है, जीवन की सार्थकता है! आइए, हम सावधानी का पालन करें। किस बात का हम पर क्या प्रभाव पड़ रहा है, उसे ठीक से देखने का प्रयास करें और हर बार कुछ सीखने और समझने की एप्रोच रखें।

जिस प्रकार हमने ईर्ष्या, स्वामित्व भाव, अपेक्षा आदि को समझने का प्रयत्न किया, इसी प्रकार कुछ और नकारात्मक चीजों, जैसे कि तिरस्कार, क्रोध, हीनता बोध, आत्मग्लानि आदि को समझने का प्रयास किया जा सकता है। आप सब ऐसा प्रयास करेंगे, इस श्रद्धा के साथ मैं आगे बढ़ रहा हूँ।

अकेलेपन का शिकार व्यक्ति

'प्रेम' शब्द को समझने की जद्दोजहद में हम आगे बढ़ें, उससे पहले प्रेम की कला सीखने की आवश्यकता पर एक बार पुनः विचार कर लें। मुझे लगता है कि तब हम अधिक गम्भीर और अधिक निश्चयात्मक ढंग से अपने उद्देश्य की तरफ आगे बढ़ पाएँगे।

> *अमेरिका के लॉस एंजेल्स नामक शहर में एक अद्भुत व्यवस्था है। वहाँ साढ़े सात डॉलर देकर कोई व्यक्ति किसी की मृत्यु के समय उसका साथ दे सकता है, जिससे मृत्युशैया पर पड़ा व्यक्ति अकेला महसूस न करे। मनुष्य मृत्यु का रास्ता ताकते हुए पीड़ित हो रहा हो, अकेलेपन से ऊब रहा हो, ऐसे में उसके अन्तिम क्षणों में कोई अजनबी उसका साथ देने आ सकता है, जिससे उसके अन्त समय का दुःख कुछ कम हो सके। और उसका खर्च केवल साढ़े सात डॉलर! हमें सम्भवतः अचरज लगे कि वहाँ के टेलीविजन पर इसके विज्ञापन भी आते होंगे! "मात्र साढ़े सात डॉलर में मृत्यु के समय साथ प्राप्त करें!"*

मनुष्य ने प्रगति की अन्धी दौड़ में स्वयं को कितनी खराब हालत में पहुँचा दिया है! आज जो लॉस एंजेल्स में हो रहा है, कुछ दशकों बाद भारत में भी होगा। यह सब क्या हो रहा है, क्यों हो रहा है, हम किस भँवर में फँस गए हैं, इसे समझने का प्रयास करना चाहिए। यदि इसे नहीं समझेंगे तो इससे निकल नहीं पाएँगे।

हमने पहले देखा कि 'प्रेम' यानी क्या, यह प्रत्येक व्यक्ति अपने आप सीखता ही रहता है और वह जो सीखता है, उसका आधार जिसमें हम जी रहे हैं, वह वातावरण, संस्कृति, उसके माता-पिता और शिक्षकों पर है। उदाहरणस्वरूप, आठ-दस वर्ष के एक बालक का जन्म अमेरिका में हुआ है और वह पिता के प्रति अपना प्रेम दर्शाने के लिए पिता को चूमता है। फौरन उसके पिता भी उसी ऊष्मा से उसे चूमेंगे ही, लेकिन यदि यह बालक भारत में पैदा हुआ होता और परवरिश पाता तो सम्भव है उसे यह उत्तर मिलता कि—*"अब तुम बड़े हो गए हो, बचकानी हरकतें बन्द करो।"*

इसका अर्थ यह हुआ कि अमेरिकी बच्चा यह सीखेगा कि प्रेम प्रगट करने के लिए खुले में चुम्बन का प्रयोग किया जा सकता है, परन्तु भारतीय बच्चा यह सीखेगा कि यह सब खुले में नहीं किया जा सकता क्योंकि यह बचपना है, परिपक्वता नहीं। परिणामस्वरूप, अमेरिकी बच्चे को चुम्बन करने का क्षोभ जीवन-भर नहीं होगा जबकि भारतीय बच्चा इस क्रिया को स्थान, समय और व्यक्ति देखकर, न जाने कितनी उलझनों के बाद संकोच कर पाएगा।

हमारी चर्चा का उद्देश्य यह नहीं है कि खुले में चुम्बन करना चाहिए या नहीं, लेकिन महत्त्वपूर्ण बात यह है कि हम चीजों को कैसे सीख लेते हैं? आप लोग एक बात से तो सहमत होंगे ही कि हम अपने आसपास के वातावरण, अपने माता-पिता, परिवारजनों और शिक्षकों से ही ज्ञान प्राप्त करते हैं।

और यह ज्ञान हमें कितना मिलता है, कैसा मिलता है, इसका आधार इस पर है कि सिखानेवाले व्यक्ति को क्या आता है, कितना आता है, अन्य परिबलों के प्रति हमारी सूझ कैसी है? और यहीं से दुष्चक्र की शुरुआत होती है। सदियों से 'प्रेम' शब्द को अथवा 'प्रेम' के विषय को नगण्य और महत्त्वहीन बताया गया है, जिसके

कारण इसके बारे में कोई जानकारी या ज्ञान नहीं दिया जाता था। किसी चर्चा-विचार को भी महत्त्व नहीं दिया जाता क्योंकि ऐसा माना जाता है कि प्रेम कोई सीखने जैसी वस्तु थोड़े ही है! यह तो अपने आप आ जाता है। अपने जीवन में व्यक्ति इससे बड़ी भूल शायद ही कोई करता हो।

यदि मुझे किसी विषय का शास्त्रीय ज्ञान न हो, यदि मैंने शास्त्रीय तरीके से उसका अध्ययन करने का प्रयास न किया हो तो उस विषय की गहराई में कभी नहीं जा सकता। ऐसे विषयों में प्रेम, जीवन और मित्रता जैसे विषयों को छोड़ा नहीं जा सकता। मैं अपनी सन्तानों को नहीं सिखा सकता क्योंकि मुझे नहीं आता, और यदि मेरी सन्तानों, विद्यार्थियों और मित्रों को नहीं आएगा तो उनके बाद की पीढ़ी को कैसे आएगा? हम अकेलेपन, आत्मदया, ईर्ष्या, तिरस्कार और असुरक्षा से क्यों पीड़ित रहते हैं, इसे ठीक से समझना होगा। और कृपया किसी अन्य को दोषी मत मानिए। किसी भी व्यक्ति के अज्ञान या अल्पज्ञान के लिए उसे दोषी नहीं ठहराया जा सकता, उसके प्रति सहानुभूति ही हो सकती है।

साढ़े सात डॉलर में मृत्यु के समय साथ! थोड़ा सोचिए, ऐसा नहीं है कि व्यक्ति पूरे जीवन-भर कुछ करता ही नहीं है। वास्तव में तो इक्कीसवीं सदी की गति कर रहे मनुष्य की जिन्दगी बाहर से कितनी भरी हुई लगती है! चारों तरफ की भाग-दौड़! विवाह, मृत्यु, सम्बन्ध, व्यवहार, काम-काज और न जाने कितनी मेहनत! और फिर इतने परिश्रम से कमाई दौलत को खर्च करना, सभी सुख भोगने की जहमत! फिर भी मनुष्य का अकेलापन उसे इतना सताता है कि वह न तो चैन से जी पाता है और न ही चैन से मर पाता है।

सृष्टि की असीम विशालता और मनुष्य का अकेलापन—कितना गजब विरोधाभास! सचमुच ही जीवन कितना रहस्यमय है! मनुष्य की

आज की जो विषम परिस्थिति है, उस पर जितना मंथन करें उतना ही अधिक विषादमय बन जाएँ, ऐसा है। जितना ही अधिक विचार करते हैं उतनी ही तेजी-से इस बदनसीबी का एहसास होता है। मैं तो अधिकतर उदास हो जाता हूँ, गुमसुम हो जाता हूँ। प्रेम के अभाव और मनुष्य के अकेलेपन के विषय में इससे ज्यादा क्या कहूँ? अपनी उदासी बाँट सकता हूँ—मित्रता के दावे से।

मेरी उदासी एक गजल के माध्यम से बखूबी व्यक्त हो सकती है, गजल का एक शे'र इस प्रकार है :

हर तरफ हर जगह बेशुमार आदमी,
फिर भी तनहाइयों का शिकार आदमी।

चारों ओर सभी जगह मनुष्य भरपूर जीवन जीता दिखाई देता है—फिर भी मनुष्य अकेलेपन का शिकार है।

सुबह उठता है, तभी से मनुष्य बोझ ढोता रहता है। सुबह से शाम तक कड़ी मेहनत करता रहता है, बेगार करता रहता है और इतना करने के बाद भी उसे मिलता क्या है, यह सोचने की बात है। परिश्रम करने के बाद सन्तोष, सुख या शान्ति मिलती है?

मनुष्य की जिन्दगी बेकार भटकन जैसी बन गयी है, और अपनी दौड़-धूप का कारण मनुष्य स्वयं है! मनुष्य आत्मसन्तोष के लिए नहीं बल्कि दूसरे को खुश करने के लिए, आत्मसन्तोष के सिवा अन्य सभी चीजों के लिए दौड़ता रहता है। दिन-भर कंक्रीट के जंगल में मनुष्य और मानवता स्वयं मनुष्य का ही शिकार बनती जाती है।

मनुष्य आशा नहीं छोड़ता। रोज सुबह होते ही यह होता ही होगा कि, "*वो सुबह कभी तो आएगी...*" लेकिन वह सुबह कभी नहीं आती और रास्ता देखने में ही धीरे-धीरे जिन्दगी बीत जाती है।

ऐसा लगता है मानो वह कुछ विचार ही नहीं करता। बस, रास्ता ही निहारता रहता है...।

इन सब का परिणाम? अन्तिम साँस तक बेचैनी, अन्तिम साँस तक हड़बड़ी; अन्तिम साँस तक हाँफते, पागल कुत्ते जैसी बदनसीब जिन्दगी किस संवेदनशील हृदय को सोचने पर मजबूर नहीं कर देगी!

प्रेम जानता है कि वाकई में महत्त्वपूर्ण क्या है

वाकई में प्रेम का रहस्य तो यह है कि
सौन्दर्य तभी चला जाता है,
जब प्रेम खत्म हो जाता है।
जब तक मनुष्य के हृदय में प्रेम जीवित है,
तब तक उसके चेहरे पर एक अनोखे सौन्दर्य की
आभा छलकती रहती है।

प्रेम सम्पूर्णता में नहीं मानता। वह तो मनुष्य के अधूरेपन के साथ ही उसे चाहता है, भोगता है। शरीर बेडौल हो गया हो, कपड़े लस्टम-पस्टम पहने हों, चेहरे पर झुर्रियाँ पड़ गई हों, चश्मे के बिना दिखाई न देता हो, तो क्या हुआ? मन में चाहत है, एक-दूसरे की अच्छाइयाँ तभी दिखाई देती हैं, परस्पर सहारा देना अच्छा लगता है, साथ-साथ आनन्द, शान्ति, तृप्ति के अनुभव का आदान-प्रदान होता है तो अभी भी प्रेम जीवित है। और फिर उसका सौन्दर्य चेहरे पर न दिखे तो ही आश्चर्य हो!

वास्तव में प्रेम अन्धा होता ही नहीं है।
जो आवश्यक होता है, प्रेम उसे ठीक से देख लेता है और
जो महत्त्वहीन है उसे नजरअन्दाज कर सकता है।

—संजीव शाह, जीना अर्थात् चाहना अर्थात् सीखना

प्रेम के लिए पहल

क्या प्रेम सीखा जा सकता है?

क्या प्रेम कोई सीखने की चीज है? प्रेम सीखा जा सकता है?

अगर आप कुछ लोगों से पूछेंगे कि प्रेम क्या है तो अधिकतर यही कहेंगे कि प्रेम एक भावना है, और क्या? आप पूछेंगे कि क्या प्रेम सीखा जा सकता है, तो हँसकर कहेंगे, भाई प्रेम जन्मजात मिली हुई भेंट है। इसे सीखा नहीं जा सकता। यदि भूल से आपने यह पूछ लिया कि क्या प्रेम की कोई परिभाषा हो सकती है? तो कुछ लोग आपको हँसी ही उड़ाएँगे। प्रयोग करके देखिएगा।

प्रेम की परिभाषा की बात हम बाद में करेंगे, अभी तो यही स्पष्ट कर लें कि प्रेम सीखा जा सकता है या नहीं?

जरा सोचिए, बच्चा जन्म लेता है तब उसे रोने के अलावा विशेष कुछ नहीं आता। लोटना, चलना, खाना, पीना, खेलना, बोलना वह धीरे-धीरे सीखता है। फिर भी अपनी मनमर्जी से ही सब कुछ नहीं सीख सकता। यदि उसे मोटर साइकिल चलानी हो तो वयस्क होने तक इन्तजार करना पड़ता है, उसका प्रशिक्षण लेना पड़ता है, उसकी परीक्षा देनी पड़ती है और इन सब में पास होने पर ही उसे लाइसेंस मिलता है, तब जाकर वह मोटर साइकिल चला सकता है। ऐसे नियम इसलिए बनाए गए हैं कि यदि छोटी उम्र में प्रशिक्षण लिए बिना लोग मोटर साइकिल चलाने लगे तो दुर्घटना का भय रहेगा, अनेक लोगों की जान जोखिम में पड़ जाएगी, अनेक परिवार बरबाद

हो जाएँगे और अधिकांश लोग रास्ते पर चलने में असुरक्षित महसूस करने लगेंगे।

ऐसी योग्यता और प्रशिक्षण प्राप्त करने की जरूरत कदम-कदम पर पड़ती है। क्लर्क अथवा एकाउंटेंट के रूप में काम करना हो तो भी ग्रेजुएशन करना पड़ता है। इंजीनियरिंग का अध्ययन किया हो फिर भी कम्पनी में जाकर प्रशिक्षण लेना पड़ता है। किसी भी क्षेत्र में सीखे बिना या प्रशिक्षण लिए बिना क्या कोई आपको हाथ लगाने देगा?

केवल प्रेम करने, विवाह करने, सन्तान पैदा करने, उन्हें पालने और सम्बन्ध बनाने में ही सीखने की बिलकुल जरूरत नहीं होती। ऐसा क्यों? क्या ये बातें हमारे जीवन की सबसे महत्त्वहीन हैं अथवा महत्त्वपूर्ण? मित्रो, जरा सोचिए। मोटर साइकिल का लाइसेंस न हो तो जीवन का जोखिम पैदा होता है—मोटर साइकिल चलानेवाले, उसके पीछे बैठनेवाले और रास्ते पर चलनेवाले लोगों की जिन्दगी का भी। तो क्या पूरी समझ और प्रशिक्षण के बिना विवाह करने व सन्तान पैदा करने में जीवन का खतरा नहीं है?

अपने आसपास जरा निरीक्षण कीजिए। अपने घर-परिवार और परिचितों के जीवन से ही आपको ऐसी कई गम्भीर घटनाओं के उदाहरण मिल जाएँगे। विवाह के बाद अथवा प्रेम-विवाह किया हो तो भी वैवाहिक सम्बन्धों की क्या दशा होती है! पति-पत्नी के बीच सम्बन्ध कितने खराब होते हैं, माता-पिता बनने के बाद भी सन्तानों के प्रति किस प्रकार व्यवहार करें, पता नहीं चलता। सन्तान के पालन-पोषण में भूल पर भूल होती रहती है। माता-पिता अपराधभाव, हताशा, क्रोध और दुःख में जीवन बिताते हैं, तो सन्तानें भी हीनता बोध, असन्तोष और घुटन भरा जीवन व्यतीत करती हैं। कहिए, ऐसा होता है या नहीं?

और फिर भी प्रेम सीखने की बात को हम हँसी में टाल देते हैं। हम कितने अज्ञानी हैं, यह उसी का प्रतिबिम्ब है या नहीं?

सन् 1994 के दौरान मैं जीवन और प्रेम विषयक युवा शिविरों का आयोजन करता था। उस समय ईसाई धर्मावलम्बी एक फादर ने मुझे कुछ युवक और युवतियों के लिए विशेष शिविर संचालित करने का आमंत्रण दिया था, जिसका विषय था—'सफल वैवाहिक जीवन के सिद्धान्त।' मैंने इस आमंत्रण को सहर्ष स्वीकार किया और शिविर के लिए पहुँच गया। वहाँ पहुँचकर मैंने देखा कि अधिकतर युवक-युवतियाँ युगल थे। मुझे कुतूहल हुआ और मैंने फादर से इस विषय में पूछा तो उन्होंने मुझे बताया कि उनके सम्प्रदाय में ऐसी परम्परा है कि विवाह पूर्व भावी पति-पत्नी को विवाह सम्बन्धी प्रशिक्षण लेना पड़ता है। प्रशिक्षण पूर्ण करने के बाद फादर प्रमाण-पत्र देता है तभी वे विवाह कर सकते हैं।

मुझे याद है कि यह जानकर मुझे कितना सुखद आश्चर्य और कितनी प्रसन्नता हुई थी! मैं दृढ़तापूर्वक ऐसा मानता हूँ कि प्रत्येक व्यक्ति को ऐसे प्रशिक्षण के बाद ही विवाह और सन्तान-पालन जैसे महत्त्वपूर्ण विषयों के लिए हरी झंडी मिलनी चाहिए। यदि समाज में इस प्रकार समझदारी और बुद्धिमानी से सभी सम्बन्धों का सृजन हो और देखभाल की जाए तो घर-घर होनेवाली न जाने कितनी दुर्घटनाओं से यह समाज बच सकता है। कल्पना तो कीजिए! क्या यह हम सभी का स्वप्न नहीं होना चाहिए?

लेकिन मंजिल बहुत दूर है, दोस्तो! अभी तो स्थिति यह है कि प्रेम सीखा जा सकता है या नहीं, ऐसी आरम्भिक बात पर ही घोर अँधेरा छाया हुआ है। ऐसे में लोग प्रेम सीखें, उसके साधक बनकर जीवन जिएँ, इस स्वप्न के साकार होने में न जाने कितना समय बीतेगा।

जबकि आशा इस बात की है कि कम-से-कम हम मित्रगण तो इस बात से सहमत होंगे कि प्रेम सीखने की चीज है। इतना ही नहीं, उसे सीखे बिना सच्चा प्रेम नहीं हो सकता है। यदि हमारी ऐसी अनुभूति होगी, सच्चा प्रेम सीखते हुए जीवन जिएँगे तो इस छोटी-सी मोमबत्ती का प्रकाश अपने आसपास भी फैलेगा ही तब घोर अँधेरा दूर होने की शुरुआत होगी न?

क्या प्रेम भावना है?

एक व्यक्ति जो कोई कामकाज नहीं करता है, अपनी पत्नी को मार-पीटकर उसकी कमाई जबरदस्ती उससे छीन लेता है और शराब में उड़ा देता है। जब शराब के नशे में घर आता है तब पत्नी व बच्चों के साथ गाली-गलौज करता है। हिंसक व्यवहार करता है और फिर थककर बेहोश होकर सो जाता है। दूसरे दिन फिर वह दोस्तों के साथ शराब पीते-पीते गद्‌गद होकर परिवार को याद करता है, अपने दुर्व्यवहार को स्वीकार करता है और बड़ी भावुकता से कहता है कि वह अपने परिवार को खूब चाहता है। इसके बाद फिर शाम को घर में वही गाली-गलौज और मारपीट। तो क्या हम कह सकते हैं कि वह अपने परिवार को सच्चा प्रेम करता है?

क्या प्रेम वास्तव में एक भावना ही है? और यदि प्रेम भावना नहीं है तो फिर और क्या है?

प्रेम करना सीखने-सिखाने की शुरुआत बचपन से ही होनी चाहिए। 'ओएसिस' में शिविर करते हुए हमें यह विचार आया कि क्या यह किशोर-किशोरियों को सिखाया जा सकता है? गम्भीरता से नहीं बल्कि खेल-खेल में रुचि जाग्रत हो, ऐसी पद्धति से क्या प्रेम सिखाया जा सकता है?

इसके लिए हमने एक प्रयोग किया और विद्यालयों में कक्षा छह से नौ (11-14 वर्ष की वय) के बच्चों के साथ एक घंटे के

विशेष वर्ग का आयोजन किया। इस वर्ग में हमने कोई भाषण या वक्तव्य नहीं रखा, बच्चों से केवल चार प्रश्न ही पूछने का प्रस्ताव बनाया।

बच्चों से सबसे पहला प्रश्न यह था कि *उनके जीवन में सबसे अधिक प्रेम करनेवाले व्यक्तियों में शीर्षस्थ व्यक्ति कौन-कौन हैं?* स्वाभाविक रूप से बच्चे अपने माता-पिता, अन्य परिवारजन, मित्र या शिक्षक का नाम लेते। यह प्रश्न अत्यन्त सरल था।

दूसरा प्रश्न बच्चों से यह पूछा गया कि, *"कोई व्यक्ति आपको प्रेम करता है, इसका आपको अनुभव कब होता है?"* इसके उत्तर में बच्चे कहते हैं कि माँ मनपसन्द भोजन बना देती है, याद करके हमारा नाश्ते का डिब्बा बैग में रखवाती है, बीमार होने पर सेवा करती है अथवा पिता कहानी सुनाते हैं, कोई विषय पढ़ाते हैं, हमारी बातें सुनते हैं...ऐसे में हमें लगता है कि माता-पिता हमें प्रेम करते हैं।

फिर बच्चों से तीसरा प्रश्न पूछा जाता था कि, *"आप किस व्यक्ति को सबसे अधिक प्रेम करते हैं?"* इस प्रश्न के उत्तर में उन्हें किसी एक व्यक्ति का नाम लेना था। उत्तर में फिर से सामान्यतः माता-पिता, अन्य परिवारजन, मित्र या शिक्षक ही शामिल होते थे।

चौथा और आखिरी प्रश्न यह पूछा जाता, *"आप उस व्यक्ति से खूब प्रेम करते हो, ऐसा उसे कब लगता होगा?"* यह प्रश्न बच्चों को सोचने पर मजबूर कर देता। सभी बच्चे फौरन इसका उत्तर नहीं दे पाते। सोच-विचार करने के बाद कुछ बच्चे कहते, *"माँ को घर के काम में मदद करते हैं तब, पिता के किसी काम में हाथ बँटाते हैं तब, दादा-दादी के पैर दबाते हैं तब..."* आदि।

इन चार प्रश्नों के बाद बच्चों से ही पूछा जाता कि इन चार प्रश्नों का उद्देश्य क्या था? तुम्हारी समझ में क्या आया? वे किसी निष्कर्ष तक पहुँच पाते हैं? प्रेम वाकई में क्या है?

थोड़ा सोच-विचार व चर्चा करवाने के बाद बच्चे फौरन समझ लेते थे कि प्रेम भावना नहीं है। वास्तव में प्रेम कर्म है, कर्म द्वारा ही व्यक्त होता है और जब कर्म होता है तभी अनुभव होता है। कोई हमें प्रेम करता है, इसका अनुभव तभी होता है जब वह हमारे लिए कुछ करता है। कोई हमें यह कहे कि वह हमें खूब प्रेम करता है, लेकिन वह कुछ करे नहीं, तो उसके प्रेम में, उसके शब्दों या भावना पर हमें विश्वास नहीं होता।

यही बात हमारे लिए भी लागू होती है। हम किसी के लिए प्रेम की कितनी ही भावना क्यों न रखते हों, परन्तु उस व्यक्ति को हमारे प्रेम का अनुभव हमारे कर्मों द्वारा ही होगा। यदि हमारे कर्मों और हमारी भावना में अन्तर होगा तो हमारे कर्मों के प्रभाव को ही वे समझ पाएँगे।

इतनी सामान्य चर्चा के बाद स्कूल के बच्चे एक महत्त्वपूर्ण बात सीख सकते हैं कि प्रेम भावना नहीं है, वास्तव में प्रेम कर्म है।

प्रेम के अनुभव की भावना
प्रेमरूपी कर्म का फल होती है।

जिसे बच्चे सीख सकते हैं, उसे बड़ों ने सीखा ही नहीं है। इसीलिए कुछ माता-पिता बच्चों के साथ दुर्व्यवहार करते हैं और फिर भी कहते हैं कि हम उनसे प्रेम करते हैं, जिससे बच्चों की नाराजगी दूर नहीं होती। और इसके विपरीत, माता-पिता हमारे साथ चाहे जितना दुर्व्यवहार करें, हम जानते हैं कि उन्होंने कितनी मेहनत, कितना त्याग करके हमें पाला है और इसीलिए हम उन्हें आसानी से क्षमा कर सकते हैं।

इससे यह सिद्ध होता है या नहीं कि प्रेम अन्ततः कर्म है?

प्रेम और सम्बन्ध (Relationships) को लेकर भी अनेक प्रश्न उठते रहते हैं। क्या प्रेम होने पर सम्बन्ध होना जरूरी है? बिना नाम के भी कोई सम्बन्ध हो सकता है? क्या प्रत्येक सम्बन्ध में प्रेम नहीं होना चाहिए? यदि किसी सम्बन्ध में प्रेम न हो, केवल दुनियादारी या औपचारिकता मात्र हो, तो क्या उसे सम्बन्ध कहा जा सकता है?

प्रेम और सम्बन्ध के बीच क्या अन्तर है और दोनों के बीच क्या साम्य है, उसे समझ लेना चाहिए। प्रेम प्रत्येक मनुष्य के हृदय की अवस्था है अथवा उसके एप्रोच का एक परिमाण है। प्रत्येक मनुष्य संसार को, संयोगों को, दूसरे मनुष्यों को, राष्ट्रों आदि को किस तरह देखता है, उसमें उसका प्रेम अथवा प्रेम का अभाव व्यक्त होता है। संक्षेप में, प्रेम अन्ततोगत्वा मनुष्य की व्यक्तिगत भावना या उसका चरित्र है।

सम्बन्ध दो व्यक्तियों के बीच का लगाव अथवा व्यवहार है। कोई दो व्यक्ति परस्पर किस तरह जुड़े हैं, उसी आधार पर हम उस सम्बन्ध का नामकरण करते हैं। पिता-पुत्र, पति-पत्नी, भाई-बहन, सास-बहू, देवरानी-जेठानी, देवर-भाभी...ये सम्बन्धों के सामाजिक नाम हैं, जिनसे हम समाज में पहचाने जाते हैं।

जहाँ इस प्रकार का कोई सामाजिक सम्बन्ध नहीं होता, वहाँ हम मित्रता का नाम देते हैं। मित्रता एक बिना 'सामाजिक सम्बन्ध' का सम्बन्ध है, जो अन्ततोगत्वा तो प्रेमपूर्ण ही होता है। किसी के साथ हमारी केवल औपचारिक पहचान होने पर हम उसे 'परिचित' कहते हैं, लेकिन 'मित्र' नहीं कहते।

मनुष्य जन्म लेता है तभी से संसार के साथ और अन्य मनुष्यों के साथ उसके सम्बन्ध बनते हैं और ये सम्बन्ध जीवनपर्यन्त रहते हैं। मनुष्य अपना जीवन सम्बन्धों में ही जीता है और उसका सच्चा या झूठा प्रेम भी सम्बन्धों में ही अभिव्यक्त होता है।

संक्षेप में, सम्बन्धों के बिना मानव-जीवन सम्भव नहीं है और मानव सम्बन्धों की सार्थकता प्रेम में ही निहित होती है। प्रेम सम्बन्धों का प्राणतत्त्व है और सम्बन्धों से ही जीवन जिया जा सकता है यानी प्रेम जीवन का ही प्राणतत्त्व है, ऐसा कह सकते हैं न!

मनुष्य अपने जीवनकाल में न जाने कितने लोगों के सम्पर्क में आता है। कुछ के साथ जीवन-भर के सम्बन्ध बन जाते हैं और कुछ मर्यादित समय के लिए। कुछ सम्बन्ध अकाल अवसान पाते हैं, तो कुछ सम्बन्ध व्यक्ति की मृत्यु के बाद भी मन में स्मृति रूप में जीवित रहते हैं।

इन सभी सम्बन्धों में मनुष्य किस सुन्दरता और सार्थकता से जीता है, उसका रहस्य क्या हो सकता है? यह आश्चर्य का विषय है कि मनुष्य का उसके खुद के साथ का सम्बन्ध ही यह तय करता है कि वह दूसरे सम्बन्धों में कैसे जीता है?

जो व्यक्ति स्वयं के प्रति ईमानदार है, वह जीवन के साथ भी ईमानदार रहता है। जो अपने ही साथ आँख-मिचौली खेलता है, वह दूसरों के साथ भी छल ही करेगा। जो स्वयं को माफ करता है, वही दूसरों को माफ कर सकता है। जो खुद को चोट पहुँचाता है, वह दूसरों को भी हानि पहुँचा सकता है। जो अपना ध्यान रखता है, वह दूसरों का भी ध्यान रखेगा। जो खुद के प्रति लापरवाह है, वह दूसरों के प्रति भी लापरवाह रहेगा।

क्या यह सम्भव है कि व्यक्ति स्वयं से और अपनी जिन्दगी से प्रेम न करे, किन्तु दूसरों से सच्चा प्रेम कर सकता है? जिसे खुद तैरना न आता हो क्या वह दूसरों को तैरना सिखा पाएगा? यदि मैं अपने जीवन को नकारात्मकता से देखूँ तो दूसरों के जीवन को सकारात्मक ढंग से कैसे देख सकता हूँ?

यह बात समझने में पर्याप्त जटिल है, लेकिन सारांश यह है कि मनुष्य को सर्वप्रथम खुद को प्रेम करना सीखना होता है। यदि उसका हृदय प्रेम से भरा है तो वह अपना भी ध्यान रखेगा और दूसरों का भी। वह स्वयं भूलों से सीखकर विकसित होगा तो वह दूसरों को भी गलतियों से सीखने के लिए प्रोत्साहित करेगा, न कि उन्हें दंडित करेगा।

क्या हम खुद को सच्चा प्रेम करते हैं? किस तरह?

क्या प्रेम आकर्षण है?

किशोरावस्था या बचपन में ही आकर्षण का अनुभव किसे नहीं होता? विजातीय व्यक्ति की ओर एक अजीब आकर्षण की अनुभूति नैसर्गिक है। किसी भी स्वस्थ व्यक्ति को विजातीय आकर्षण का अनुभव होता ही है। यह आकर्षण कितना शक्तिशाली होता है, अनुभव द्वारा हम सब जानते ही हैं न?

लेकिन क्या यह आकर्षण ही प्रेम है? जब भी किसी को यह आकर्षण होता है तब हम कहते हैं कि उसे प्रेम हो गया है या वह प्रेमी बन गया है। किसी को पहली बार देखते ही उसकी ओर अदम्य आकर्षण होने लगे तो उसे हम 'पहली नजर का प्रेम' (लव एट फर्स्ट साइट) कहते हैं। तो क्या विजातीय आकर्षण ही प्रेम है?

सम्भवतः अधिकतर मित्र यही कहेंगे कि नहीं, आकर्षण सेक्स ग्रंथि से प्रेरित होता है जबकि प्रेम अलग है, परन्तु इनके बीच भेद क्या है? क्या सेक्स और प्रेम के बीच कोई सम्बन्ध है?

हमारे मन में प्रश्न तो अनेक होते हैं, भले ही हम उनसे अनजान बने रहें। मुझे आकर्षण होता है तो क्या इसे प्रेम कह सकते हैं? मुझे किसी एक के साथ ही समय बिताने का मन करता है तो इसे क्या कहेंगे? क्या आकर्षण बुरा है? क्या प्रेम होगा तो आकर्षण नहीं होगा? क्या ऐसा हो सकता है कि आकर्षण हो, फिर भी प्रेम न हो? मुझे यदि प्रेम हुआ है तो वह सच्चा है या नहीं, इसे कैसे तय किया जा सकता है?

हमारे समाज में आज भी सेक्स को खराब या गन्दा माना जाता है। किन्हीं दो व्यक्तियों के बीच के आकर्षण को धिक्कारा जाता है। इसीलिए यदि हमें आकर्षण होता है तो हम उसे छिपाते हैं। हो सकता है कि इस भावना के लिए हमें अपराध बोध भी होने लगे। जो बात बिलकुल नैसर्गिक है, उसके लिए अपराध बोध का अनुभव करना कितनी भयंकर और दुःखद बात है!

सबसे पहले तो हमें स्वयं यह समझ लेना चाहिए कि विजातीय आकर्षण सहज है, मानवीय है और निर्दोष है। आकर्षण होना कोई गुनाह या भूल नहीं है। इसे लेकर हमें स्वयं किसी भी अपराध भाव का अनुभव नहीं करना चाहिए।

क्या आकर्षण प्रेम हो सकता है? इसका उत्तर बड़ी सावधानी की माँग करता है। आकर्षण में प्रेम हो सकता है, परन्तु इसकी कोई गारंटी नहीं है। आकर्षण में प्रेम का भ्रम तो अवश्य ही पैदा होता है। इसलिए यह कहना सही होगा कि आकर्षण प्रेम के लिए एक खतरनाक चीज सिद्ध हो सकता है। आकर्षण की राह के प्रारम्भ में ही—*'सावधान! आगे खतरा है'* का बोर्ड दिखाई दे जाए तो वह हमारे भले के लिए होगा।

लेकिन हमारा प्रश्न तो जहाँ का तहाँ ही रह गया। हम कैसे सिद्ध करेंगे कि आकर्षण वाला प्रेम सच्चा प्रेम है या नहीं? इस प्रश्न के उत्तर में मात्र सावधानी ही नहीं, इसे समझने के लिए संयम और पुरुषार्थ की भी जरूरत पड़ेगी।

प्रेम सच्चा है या नहीं, इसका निर्णय सरल नहीं है। खूब परिपक्वता की जरूरत होती है। कल्पना कीजिए कि आप पन्द्रह वर्ष के हैं और कोई पाँच-सात वर्ष का बालक आप से कहता है कि उसे प्रेम हो गया है तो आपको उस पर हँसी आएगी या नहीं? आप उसे नादान समझेंगे, और गम्भीरता से नहीं लेंगे न? कारण यह है कि आप अनुभवी हैं,

पर्याप्त परिपक्व हैं और जानते हैं कि छोटे बच्चे की प्रेम वाली बात में केवल बचपना ही हो सकता है जबकि बच्चा तो यही मानेगा कि उसकी भावना सच्ची है और आप उसे समझ नहीं पा रहे हैं।

उसी प्रकार पन्द्रह वर्ष के किशोर या किशोरी की प्रेम होने सम्बन्धी बात परिपक्व और बड़ी उम्र के व्यक्ति को बचकानी लग सकती है। किशोरावस्था में तो आकर्षण कितना अधिक प्रबल होता है! इसलिए यह सम्भव है कि ये लोग बड़े लोगों की बात की अवहेलना करें। इन्हें ऐसा ही लगेगा कि बड़े लोग उन्हें समझते ही नहीं हैं। और फिर आँख-मिचौली और लुका-छिपी के खेल शुरू हो जाते हैं।

फिर भी क्या आकर्षण प्रेम नहीं हो सकता? कैसे तय किया जाए कि प्रेम सच्चा है या नहीं?

सीधा-सादा उत्तर यह है कि हमारा जजमेंट मेच्योर होना चाहिये और हम मेच्योर होंगे तो ही हमारा जजमेंट भी मेच्योर होगा। मेच्योर यानी परिपक्व और सयाना व्यक्ति जो समझदारी से विचार करके निर्णय ले, केवल भावनाओं में बहकर नहीं। जिस प्रकार यदि नाविक कुशल है तो वह अपनी नौका को नियंत्रण में रखेगा, लहरों और प्रवाह के अनुसार नौका को बह जाने नहीं देगा।

बालक से हम मेच्योर व्यक्ति बनते हैं या नहीं, इसका प्रमाण इस बात में है कि हम स्वावलम्बी बने हैं या नहीं? निम्नलिखित प्रश्नों का उत्तर देकर आप यह सिद्ध कर सकते हैं कि आप मॅच्योर हैं या नहीं—

- क्या आप इतना कमा सकते हैं कि अपने पैरों पर खड़े हो सकें? आप जिस जीवन-शैली को जी रहे हैं, क्या आप में इतनी क्षमता है कि आप उतना खुद कमा सकें? क्या आप आर्थिक रूप से स्वतंत्र हैं?
- क्या आप सम्बन्धित व्यक्ति के सभी गुण-दोष देख सकते हैं? उसकी कुछ बातों से आपको अत्यधिक पीड़ा होती है, तब

व्याकुलता होती है? क्या आप एक-दूसरे की आलोचना करते हैं और उसे सकारात्मक ढंग से सुनते हैं?

- क्या आप एक-दूसरे के विकास के लिए प्रतिबद्ध हैं? यदि सम्बन्धित व्यक्ति के विकास में आपका सम्बन्ध बाधक बन रहा हो तो आप सम्बन्ध समाप्त कर देंगे? उसके विकास से क्या आप इतना प्रेम करते हैं? जीवन में आपके अपने विकास के लिए वही समझौता करे, यह आपको मंजूर है?
- क्या आप ऐसा मानते हैं कि आप उसके बिना रह सकते? उससे सम्बन्ध नहीं बने तो आकाश तो नहीं टूट पड़ेगा? क्या आप भावनाओं से इतने स्वाबलम्बी हैं कि आप किसी के बिना भी जी सकते हैं, उसके चले जाने पर आप टूट नहीं जाएँगे?
- क्या आपके जीवन का कोई बड़ा स्वप्न है, जिसे सार्थक करने के लिए आप अथक परिश्रम कर रहे हैं? क्या आप अपना स्वतंत्र विशिष्ट व्यक्तित्व, अपनी अलग पहचान बना रहे हैं?

इन और इनके जैसे कई प्रश्नों के उत्तर से ही हम यह तय कर सकते हैं कि आकर्षण में प्रेम है या नहीं? महत्त्वपूर्ण मुद्दा यह है कि ये सभी प्रश्न समय की माँग करते हैं तथा मेच्योरिटी इनके उत्तर मिलने तक इन्तजार करने, संयम रखने में है।

इसका मतलब यह हुआ कि अधीरता और उतावलापन अपरिपक्वता की निशानी है। किसी के प्रति आकर्षण हुआ हो और हम फौरन सम्बन्धों में कूद पड़ें, यह दुःखदायी ही होगा। किशोरावस्था कोई स्थायी सम्बन्ध बनाने की नहीं बल्कि जीवन की मजबूत नींव रखने की उम्र है, इससे कौन सहमत नहीं होगा?

मेरा एक प्रिय उदाहरण है कि लोहे की खान से जो लौह-खनिज (अयस्क) प्राप्त होता है वह अशुद्धियों से भरा होता है, उसकी कीमत भी कम होती है। खान से निकले इस अयस्क से जब शुद्ध लोहा बना

लिया जाता है तब उसकी कीमत बढ़ जाती है। फिर इस लोहे में अन्य धातुएँ मिलाकर स्टील बनाने पर उसकी कीमत और बढ़ जाती है। पुनः उसमें से स्टेनलेस स्टील बनता है, जिससे घड़ी की सूइयाँ बनती हैं तब उसकी जो कीमत होती है, वह खान से प्राप्त लौह-अयस्क की अपेक्षा हजार गुना अधिक होती है। तात्पर्य यह है कि यदि व्यक्ति प्रथम आकर्षण के समय ही सम्बन्धों में कूद पड़ेगा, तो यह सस्ते में बिक जाने और फिर पछतानेवाली बात होगी।

आशा रखता हूँ आप उपर्युक्त उदाहरण को इस अर्थ में नहीं लेंगे कि प्रेम को खरीदा या बेचा जा सकता है, लेकिन विवाह जैसा सम्बन्ध अधीरता से जल्दबाजी में किया जानेवाला फैसला नहीं होना चाहिए।

हम अभी ऐसा निर्णय लेने के लिए मेच्योर नहीं हैं, जीवन में ऐसा निर्णय लेने का समय अभी नहीं आया है, अभी तो जीवन की बहुमंजिली इमारत की मजबूत नींव रखने की उम्र है, अपनी अलग पहचान बनाने की उम्र है। आप यदि ऐसा मानते हैं तो आप वास्तव में बुद्धिमान हैं। खुद मेच्योर नहीं है, इस बात को जानने-समझने में और उससे जाग्रत रह कर सावधानी रखने में ही सच्ची मेच्योरिटी है।

प्रेम की व्याख्या और आदर्शवाद

जो व्यक्ति स्वयं को प्रेम न करे
वह किसी दूसरे को प्रेम कर सकता है क्या?
जो व्यक्ति दूसरे को प्रेम न करता हो,
वह स्वयं को प्रेम करता होगा क्या?

एरिक फ्रोम 'आर्ट ऑफ लविंग' पुस्तक में प्रेम की व्याख्या कुछ इस प्रकार करता है—

प्रेम मनुष्य का ऐसी एप्रोच या चारित्रिक अवस्था है,
जिससे वह किसी एक व्यक्ति या वस्तु के साथ नहीं,
बल्कि सम्पूर्ण विश्व के साथ जुड़ता है।

यानी यदि मनुष्य किसी एक को प्रेम करता हो, उसे रिझाने अथवा उसका प्रिय बनने के लिए आकाश-पाताल एक करने में लगा हो तथा दूसरों के प्रति संवेदनहीन हो तो उसका चरित्र टूटा-फूटा कहा जाएगा। जो मनुष्य चरित्र से विनयी है, वह किसी अफसर या चपरासी के साथ एक समान आदर तथा विनयपूर्वक व्यवहार करेगा। जो स्वार्थी और स्नेहहीन है, वह अफसर की खुशामद करेगा तथा चपरासी को दुत्कारेगा। चरित्र की यह एक ऐसी अवस्था है, जिसमें मनुष्य अखंड न होकर छिन्न-भिन्न है, विभक्त है। गिरगिट की तरह उसका रंग बदलता रहता है।

हम सब किसी-न-किसी रूप में तो छिन्न-भिन्न होते ही हैं। मित्रो, अखंड चरित्र वाली प्रेम की अवस्था रेडीमेड नहीं मिलती। हमें उसकी साधना करनी पड़ती है। हमें दूसरों का दम्भ दिखाना जल्दी दिखाई दे पड़ता है और हम उनकी निन्दा भी करते हैं, परन्तु कुछ हद तक हम सभी दिखावा नहीं करते हैं क्या?

एरिक फ्रोम की व्याख्या को थोड़ा विस्तार से समझने का प्रयत्न करें तो मनुष्य सम्पूर्ण विश्व के साथ जुड़ा हो तो उसमें उसका खुद का भी समावेश हो जाता है। मनुष्य खुद अपने साथ कैसे जुड़ा है, वह खुद को कितना प्रेम करता है, अपने जीवन से कितना प्रेम करता है—ये भी अत्यन्त महत्त्वपूर्ण बातें हैं बल्कि वह सम्पूर्ण विश्व को कैसा प्रेम करता है, इसका बड़ा आधार इस पर अवलम्बित है कि वह अपने आप से कितना प्रेम करता है?

उदाहरणार्थ, जो व्यक्ति अपने-आप को प्रेम करता है, उसका आत्मसम्मान ऊँचा होता है। वह अपनी वाणी व बरताव का परीक्षण करता रहता है। वह बिना सोचे मनमाने ढंग से कोई व्यवहार नहीं करता। अपने मूल्यों के अनुसार ही वह सभी से सम्बन्ध एवं व्यवहार करता है। इसीलिए हम उसकी वाणी गें एक निश्चित पैटर्न देख पाते हैं, जो उसके चरित्र को अभिव्यक्त करता है।

स्वयं से प्रेम करनेवाले व्यक्ति की एक महत्त्वपूर्ण लाक्षणिकता यह होती है कि वह किसी का अन्धानुकरण नहीं करता। वह गतानुगतिक का अनुसरण नहीं करता अर्थात् समाज के रीति-रिवाजों को बिना सोचे-विचारे स्वीकार नहीं कर लेता। वह हमेशा उसी को स्वीकार करता है जिसे वह समझ सके, उसी को मान्य रखता है और उसका ही आचरण करता है।

परम्परागत प्रवाह के विरुद्ध तैरने के लिए काफी शक्ति और साहस चाहिए। हम तो मन्दिर जाने, सत्यनारायण की कथा करवाने, मनौती मानने या अन्य अन्धविश्वासों का जीवन में अनुसरण करते हैं।

नवयुवकों की तरह बुद्धि गिरवी रखकर नये फैशन के कपड़े, टिप-टॉप जीवन-शैली अपनाते हैं। टीवी में विज्ञापन देखकर बिना विचारे चीजों को पसन्द करनेवाले लोगों को क्या कहेंगे? मित्रगण मजाक उड़ाएँगे। पुराने खयालात वाला कहलाने के डर से पहनावा या अन्य चीजों को स्वीकार करना, ऐसे लोग स्वयं से प्रेम नहीं करते—ये कायर हैं, समाज के डर से जिन्दा हैं, भेड़ों के रेवड़ का हिस्सा बन जाते हैं। फिर क्या! आगे वाली भेड़ जिधर जाती है, बिना सोचे-विचारे उसी के पीछे-पीछे चलते जाते हैं, कोई प्रश्न नहीं करते। आसपास के लोग जैसा कर रहे हों, उसी तरह करते जाते हैं। ऐसा जीवन हमारा अपना यानी स्वतंत्र नहीं होता, केवल कुछ लोगों की नकल मात्र होता है।

मित्रो, थोड़ा साहस करके अपना निरीक्षण करेंगे और खोजेंगे तो आप समझेंगे कि आप कितने असली हैं और कितनी फोटो-कॉपी? सभी के पास लेटेस्ट मोबाइल है तो आपके पास भी होना चाहिए? सभी दोस्त मोटर साइकिल पर आते हैं तो आपको पैदल जाने में, बस या साइकिल पर जाने में शरम आती है? सभी के पास महँगे कपड़े हैं तो आपको भी लालच होता है? लड़कियाँ टिप-टॉप बनती हैं, सजती हैं, अपने चेहरे पर कृत्रिम लेप लगाती हैं तो आप भी करेंगी? दूसरे लोग किसी जगह पर चटपटा और स्वास्थ्य के लिए हानिकारक खाने के लिए दौड़ते हैं तब आप रह गए, ऐसा तो नहीं लगता? सूअर की तरह सब कचरा खाते हों तो मुझे भी वैसा करना चाहिए? किसलिए?

मुझे कैसे जीना है, क्या खाना है, क्या पहनना है, क्या इस्तेमाल करना है, कहाँ जाना है और कहाँ नहीं जाना है, समय का सदुपयोग करना है, कहाँ समय बरबाद होने से बचाना है—यदि पूरी दुनिया ऐसा न भी करती हो तो भी—मैं यह स्वयं क्यों नहीं तय कर सकता? मैं अपनी बुद्धि से अन्धानुकरण करनेवाली गुलाम मनोदशा को छोड़कर, आजादी से जीना पसन्द क्यों न करूँ?

हम या तो डर से जी सकते हैं या प्रेम से—जीवन के लिए प्रेम से, अपने लिए प्रेम और सम्मान से। जब हमें यह एहसास होता है कि जीवन कितना मूल्यवान है, कितना दुर्लभ है, कितना अल्प है—जैसे-तैसे बरबाद करने के लिए तो बिलकुल नहीं हैं—तो फिर उधार का या मूर्खतापूर्ण जीवन जीने का कोई प्रयोजन नहीं है यानी कि स्वयं से प्रेम करने के बाद ही मनुष्य को अपने जीवन का, अपनी अनन्यता का और अपनी महानता का मार्ग मिलता है।

अन्धानुकरण की राह छोड़कर जब मनुष्य अपनी समझदारी का रास्ता अपनाता है, तभी उसके जीवन में एक लाक्षणिकता दिखाई देती है और वह है आदर्शवाद।

आदर्शवाद यानी जीवन के प्रत्येक क्षेत्र में, हर पल सभी संयोगों में मनुष्य श्रेष्ठतम और सर्वोच्च मूल्यों का चयन करता है।

लियो बस्केंग्लिया ने कहा है कि यदि मनुष्य श्रेष्ठतम के सिवा थोड़ा-सा भी निम्न स्तर को चुनने से मना करता है तो उसे श्रेष्ठतम ही प्राप्त होता है। यदि मुझे निम्न स्तर की वस्तुएँ स्वीकार्य होती हैं तो मैं उच्चतम वस्तुएँ चुनने की परेशानी क्यों उठाऊँ? मेरे मन में यदि यह स्पष्ट है कि मुझे तो सर्वोत्तम ही चाहिए तो निम्नतर वस्तुएँ मैं नहीं लूँगा। मैं इन्तजार करूँगा, परिश्रम करूँगा, विकल्प पैदा करूँगा, संयोगों का सृजन करूँगा, लेकिन अन्ततोगत्वा मैं सर्वोत्तम ही चुनूँगा।

अपनी सामान्य सूझ-बूझ से हम यह समझ सकते हैं कि जिसका हृदय प्रेम से लबालब है, वह जीवन में सुन्दरतम का ही चयन करेगा न? सुन्दरतम का अर्थ यहाँ उथला नहीं है। जब भी किसी सयाने व्यक्ति के सामने ऐसा सरल रास्ता हो जो मनपसन्द, लुभावना और प्रिय लगे और थोड़ा कठिन, अप्रिय लेकिन उसके विकास में अत्यन्त लाभदायी तथा दूरगामी श्रेयदायी रास्ता हो तो वह दूसरे रास्ते को ही पसन्द करेगा। क्षणिक लाभ और दूरगामी हानि तथा क्षणिक हानि और दूरगामी लाभ

के बीच चुनाव करना हो तो बुद्धिशाली व्यक्ति किसे चुनेगा? करेला क्षण-भर कड़वा लगता है, लेकिन स्वास्थ्य के लिए गुणकारी होता है। जंक फूड खाना क्षण-भर को आनन्द दे सकता है, लेकिन बाद में वह हानिकारक होता है। आदर्शवादी मनुष्य का चुनाव स्पष्ट ही है न?

अधिकतर लोग आदर्शवादी मनुष्यों को व्यवहारशून्य पंडित मानते हैं। उन्हें यह लगता है कि आदर्शवादी लोग नीरस जीवन जीते हैं और सभी जगह कोरी पंडिताई करते हैं। वास्तव में तो ऐसे लोग ही निम्न स्तर का जीवन जीते हैं और उच्च स्तर का जीवन जीनेवालों की निन्दा करके स्वयं को महान् सिद्ध करने हेतु हाथ-पैर मारते रहते हैं। आदर्शवाद लम्बी रेस में जीतने का मंत्र है। और यदि मनुष्य इसे समझदारी से अपनाए तो जीवन उसके लिए प्रिय बन जाता है। उसे मनमोहक, लेकिन हानिकारक को छोड़ देने का जरा भी अफसोस नहीं होता जबकि बेकार चीजों को पसन्द करनेवाले 'सब चलता है' के मंत्र से जीनेवाले लोगों के हाथ कुछ भी नहीं आता। जब तक उनकी भ्रान्तियाँ टूटती हैं, तब तक तो उनका जीवन लगभग पूरा हो चुका होता है। फिर पछतावा ही पछतावा रह जाता है।

आदर्श आहार, आदर्श वस्त्र, आदर्श निवास, आदर्श परिवार, आदर्श जीवन-शैली, आदर्श निर्णय और आदर्श चुनाव से ही अन्त में आदर्श जीवन का सृजन होता है। यह तभी सम्भव हो पाता है जब मनुष्य स्वयं से प्रेम करता हो और अपने जीवन को खूब चाहता हो।

आत्मप्रेम

कल्पना कीजिए कि कोई व्यक्ति आपसे सम्पर्क करता है और विनती करता है कि आप अपनी किडनी किसी अनजान जरूरतमन्द रोगी के लिए दान दे दीजिए। हम सबके पास दो किडनियाँ होती हैं। एक किडनी पर मनुष्य जीवित रह सकता है। यदि हमारी एक किडनी खराब हो जाती है, तो दूसरी की मदद से जीवन चल सकता है, लेकिन एक ही किडनी हो तो? और फिर उसमें कोई खराबी आ जाए तो? रक्तदान करना दूसरी बात है। कुछ ही दिनों में शरीर दुबारा रक्त बना लेता है, परन्तु किडनी दान? हाँ, कुछ लोग अपनी वसीयत बनाते हैं कि मरणोपरान्त चक्षुदान अथवा देहदान करेंगे, लेकिन जीते जी किसी अजनबी के लिए क्या हम आँख, किडनी, हृदय दान दे सकते हैं? सम्भवतः हम अपने अत्यन्त प्रिय परिजन या मित्र के लिए ऐसा कर सकते हैं, लेकिन एकदम अनजान व्यक्ति के लिए?

यदि आप इस तरह से किडनी दान करने से मना करते हैं तो वह सहज है। आपकी जिन्दगी है, शरीर आपका है और उसका कहाँ उपयोग करना और कहाँ नहीं, यह अधिकार आपका है। जिस व्यक्ति को आप किडनी दान दे रहे हैं, उसने शराब पीकर अपनी किडनी खराब की हो और अब आपकी किडनी पाकर उसे भी खराब कर दे तो? अगर वह ऐसा नहीं करता तो भी आप

यह प्रश्न तो पूछ ही सकते हैं कि किडनी मिलने के बाद वह अपने जीवन में ऐसा नहीं करेगा, इसका क्या भरोसा? इस रीति से पतित जीवन जीनेवाले को हम किडनी दान देने का खतरा मोल तो नहीं ले सकते।

लेकिन अब प्रश्न यह है कि हमारे पास तो दो स्वस्थ किडनियाँ हैं, हृदय-दिमाग-लीवर स्वस्थ है, ठीक से काम करनेवाले हाथ-पाँव और सभी अंगोपांग हैं, तो हम अपने जीवन का क्या कर रहे हैं? क्या हमारे अपने लिए इन अमूल्य अंगों, अमूल्य जीवन का वाकई में महत्त्व है या फिर हम भी परम्परागत ढर्रे पर ही जीवन जी रहे हैं?

क्या आपको किडनी की आवश्यकता पड़ने पर कोई अजनबी आपको किडनी दान देगा? क्या हम ऐसा जीवन जीते हैं कि उसे बचाने के लिए दूसरे लोग आकाश-पाताल एक करें?

अब दूसरी कल्पना कीजिए। कल्पना कीजिए कि आज शाम आपने मित्रों के साथ घूमने-फिरने, सिनेमा देखने और खाने-पीने का आयोजन किया है। शाम को आप मित्रों के साथ आनन्द करनेवाले हैं, इस बात से आप बहुत उत्साहित हैं। आप शाम होने की आतुरतापूर्वक राह देख रहे हैं।

परन्तु दोपहर होने से पहले ही कोई व्यक्ति आपसे मिलने आता है और आपको बताता है कि आपके शहर में आपका मनपसन्द रोल-मॉडल (खिलाड़ी, फिल्मी नायक-नायिका या उद्योगपति या फिर समाज के किसी भी क्षेत्र में अन्तर्राष्ट्रीय ख्यातिप्राप्त व्यक्ति) आया हुआ है और आपके साथ दो-तीन घंटे बिताना चाहता है। तो सोचिए, आपको उस मनपसन्द प्रसिद्ध व्यक्ति के साथ दो-तीन घंटे बिताने को मिलें, तो आप खुशी से झूम उठेंगे या नहीं?

तो यह निमंत्रण आपको मिल गया। यह खबर ऐसी थी मानो कोई लॉटरी लग गई हो। अब क्या आप इस निमंत्रण को ठुकराएँगे? क्या आप ऐसा कह सकते हैं कि आज तो मैं अपने मित्रों के साथ जा रहा हूँ, अतः अपने पसन्दीदा व्यक्ति से नहीं मिल पाऊँगा? नहीं ही कह पाएँगे। कोई मूर्ख ही ऐसे निमंत्रण को व्यर्थ जाने देगा। ठीक?

अब विचार कीजिए कि आपके उस प्रिय व्यक्ति द्वारा अथवा उसके विषय में कोई सुन्दर पुस्तक लिखी गई है। उस पुस्तक द्वारा आप उस प्रिय व्यक्ति के जीवन के विषय में, उसके विचारों के बारे में जानकारी पा सकते हैं। आप जब इस पुस्तक को पढ़ रहे होते हों, तब ऐसा लगे जैसा आपका वह रोल-मॉडल व्यक्ति आपके कमरे में बैठा आपके साथ व्यक्तिगत बातें कर रहा है। वहाँ आप दोनों के अलावा और कोई नहीं है। आप पूर्णतः उसके जीवन से एकरूप होकर उसकी जीवनी में डूबकर प्रेरणा का रसपान कर सकते हैं।

तीन घंटे का समय बिताने के लिए आमोद-प्रमोद की गतिविधि भी की जा सकती है और उसी समय में प्रिय व्यक्ति के साथ संवाद भी किया जा सकता है। हम अपने जीवन का कैसे उपभोग करते हैं? कैसे अपने समय का उपयोग करते हैं? हमारे पास हमेशा समय बिताने के विकल्प होते हैं, तब हम चुनाव कैसे करते हैं?

कहने का तात्पर्य यह कदापि नहीं है कि कभी आनन्द-प्रमोद न करें अथवा मित्रों के साथ घूमें-फिरें नहीं। उपर्युक्त दोनों कल्पनाओं का तात्पर्य यह है कि हम अगर अपने-आप से प्रेम करते हैं तो हमें अपना जीवन मूल्यवान लगता है, और किसी कीमती वस्तु को खो देना हमें नहीं ही पसन्द आएगा।

जब हम अपने-आप को प्रेम करते हैं, अपने मूल्यवान जीवन को अच्छी तरह जीते हैं तब जाने-अनजाने हम अपने आसपास के लोगों

को भी ऐसा ही जीवन जीने एवं उन्हें खुद से प्रेम करने की प्रेरणा दे रहे होते हैं। हम जिन्हें चाहते हैं, वे खुद अपने-आप को चाहें, इससे बड़ी व मूल्यवान भेंट और कोई हो सकती है क्या?

दर्शन, विज्ञान और कला

प्रेम सीखा जा सकता है; इतना ही नहीं, प्रेम की फिलोसॉफी है, प्रेम का विज्ञान है और प्रेम करना कला भी है। इन तीनों पहलुओं के सम्यक् अध्ययन से हम प्रेम सीख सकते हैं।

प्रेम क्या है? प्रेग क्या नहीं है? प्रेम की परिभाषा क्या है? प्रेम के घटक कौन-से हैं? यह सब जो हमें थ्योरी लग रही है, वह प्रेम की फिलोसॉफी है। उसी से हम प्रेम को बुद्धि से सीखने और समझने की शुरुआत कर रहे हैं।

विज्ञान तर्कबद्धता और प्रमाण माँगता है। विज्ञान प्रश्न पूछता है और जब तक बारम्बार सिद्ध न किया जा सके, तब तक वह किसी बात को भी सत्य के रूप में स्वीकार नहीं करता। प्रेम यदि कर्म है, भावना नहीं है तो इस तथ्य को हमें अनुभव की कसौटी पर कसना पड़ेगा। निरीक्षण द्वारा, प्रयोग द्वारा, कारण और प्रभाव के अध्ययन से हम क्रमशः यह एहसास कर सकते हैं कि यह सत्य है या नहीं? अलबत्ता, वह कोई भौतिक वस्तु नहीं है, अतः इसका कोई भौतिक सबूत नहीं हो सकता। लेकिन इसका यह अर्थ कदापि नहीं है कि आप इस सत्य की अनुभूति नहीं कर सकते अथवा कहीं से यह बात असंगत है। अलबत्ता ऐसा हो सकता है कि सत्य की यह अनुभूति हमें अधिक गहराई से, अधिक गहन और जटिल रूप से समझ में आती जाए।

आप अपने हृदय की प्रयोगशाला में सत्य की यथार्थता का अनुभव कर सकते हैं, लेकिन यह भी सम्भव है कि आप दूसरों के लिए उसे सिद्ध न कर पाएँ क्योंकि प्रेम ऐसी वस्तु है, जिसे अन्ततोगत्वा स्व-अनुभव से ही समझा जा सकता है।

और अन्त में, प्रेम एक कला है। आप गिटार खरीद लाएँ, गिटार सीखने के लिए अच्छी पुस्तकें खरीद लाएँ, लेकिन इससे गिटारवादक नहीं बन सकते। प्रत्येक कला अभ्यास और रियाज चाहती है। प्रतिदिन नियमित रूप से आप गिटार बजाने का अभ्यास करें, तब जाकर किसी सुन्दर गीत का सर्जन कर सकते हैं। कला सीखने की खूबी यह है कि शुरू में खूब भूलें होंगी, कर्कश व अप्रिय स्वर निकलेंगे, थक-हारकर छोड़ देने का मन भी होगा, लेकिन आखिर में उत्साह, धीरज और निरन्तर किये गए प्रयत्नों से ही वह सिद्ध होगी।

यानी प्रेम अर्थात् क्या? यह थ्योरी समझने के बाद उसका अभ्यास भी करना पड़ेगा। यदि प्रेम जिम्मेदारी है तो आप उत्तरोत्तर कितनी अधिक जिम्मेदारी को स्वीकार कर सकते हैं? यदि प्रेम अर्पण है तो आपका जीवन कितना अर्पित है? मैं कैसे अधिक से अधिक दे सकता हूँ? इसके लिए मैं देने का अथवा अधिक से अधिक, निःस्वार्थ भाव से देने का अभ्यास करता हूँ, तब मुझे उत्तरोत्तर प्रेम का कैसा अनुभव होता है? ये सभी बातें हमें स्वानुभव से खोजनी और सिद्ध करनी होती हैं।

जो लोग प्रेम कैसे सीखा जा सकता है, यह नहीं जानते वे कितने अभागे हैं! हम सब कितने भाग्यवान हैं कि हमें प्रेम सीखने का ज्ञान प्राप्त हुआ है। इतना जानने के बाद भी यदि चूक जाते हैं तो इसमें किसका दोष?

दोस्तो, क्या आपको नहीं लगता कि हमारी शिक्षा-व्यवस्था में प्रेम सीखने के मुद्दे बचपन से ही शामिल होने चाहिए, और वे अनिवार्य होने चाहिए?

प्रेम का अद्‌भुत विरोधाभास

अभी तक हम अपने सम्मुख उपस्थित परिस्थितियों का विश्लेषण कर रहे थे। अब हमें जिस दिशा की ओर जाना है, उसे समझने की कोशिश प्रारम्भ करें।

प्रेम यानी क्या?

प्रेम की परिभाषा कभी दी ही नहीं जा सकती, लेकिन अलग-अलग व्यक्तियों ने प्रेम के तत्त्व का वर्णन करने के प्रयास किए हैं।

एरिक फ्रोम कहता है कि,

> ***प्रेम एक ही व्यक्ति के साथ का सम्बन्ध नहीं है;***
> ***वह व्यक्ति का ऐसा एप्रोच है***
> ***जिसके कारण मनुष्य सारे संसार के साथ***
> ***एकरूपता अनुभव कर सकता है।***

देखभाल, जिम्मेदारी, आदर, ज्ञान, अनुशासन, एकाग्रता, धीरज, श्रद्धा, उदारता, करुणा, स्वतंत्रता, एकता, नम्रता, वफादारी, कृतज्ञता, स्वाभिमान, सर्जनात्मकता...इन सभी को प्रेम के अलग-अलग तत्त्व के रूप में पहचान कर ऐसा प्रयास हम सबको करना है कि हमारे चरित्र में इनका आविर्भाव हो।

इस चरण में इतना समझना और उसे व्यवहार में लाने का प्रयास ही पर्याप्त है। यही बात मैं आप सबको अपने एक सुन्दर अनुभव के माध्यम से समझाने का एक और प्रयत्न करना चाहता हूँ।

मध्यप्रदेश में भोपाल से लगभग 200 किलोमीटर की दूरी पर पंचमढ़ी नामक एक मनोरम जगह है। पंचमढ़ी को 'भारत का हृदय' कह सकते हैं। ऐसा इसलिए कह रहा हूँ कि पंचमढ़ी मध्यप्रदेश के लगभग मध्य में और मध्यप्रदेश भारत के लगभग मध्य में है।

एक बार अपने एकान्त प्रवास हेतु मैं इस जगह पाँच दिन रहने के लिए गया था। मैं जहाँ ठहरा था, वहाँ से मुख्य बाजार थोड़ी दूर था। इसलिए दिन में एक बार तो मुझे पैदल बाजार जाना पड़ता था।

जब मैं इस पंचमढ़ी के भी हृदय सरीखे उसके मध्य भाग से गुजरता तब मुझे हवा में संगीत के सुन्दर, आह्लादक स्वर सुनाई देते थे। उस सुर-तालबद्ध संगीत को सुनकर वहाँ से गुजरते हुए पाँवों में जोश आ जाता, दिल में उत्साह आ जाता! जब भी वहाँ से गुजरता एक कुतूहल होता कि ये किसके स्वर होंगे? पूरे दिन जब भी यहाँ से गुजरूँ तब सुनाई ही देते रहते हैं।

अपने पाँच दिन के पंचमढ़ी निवास के चौथे दिन मैं सुबह वहाँ से गुजर रहा था। जब कभी भी बाजार जाना होता, यहाँ से गुजरना पड़ता और वे स्वर सुनाई देते। उस दिन पता नहीं ऐसा क्या हुआ कि उस स्वर की तरफ मेरे पैर स्वतः मुड़ ही गए!

वहाँ एक सुन्दर तालाब था। पूरा तालाब हरे रंग की वनस्पति से ढका हुआ था। तालाब के किनारे-किनारे होकर एक पगडंडी थी। तालाब के किनारे ही एक कैम्पस था। कैम्पस बड़ा था, कुछ मकान थे और थोड़ी खुली जगह भी।

मुझे पता चला कि इस कैम्पस का नाम है—Military Music Wing!

खूब रमणीय जगह है यह मिलिट्री म्यूजिक विंग। वहाँ से खिसकने का मन न हो, ऐसी। यहाँ मिलिट्री म्यूजिक सिखाया जाता है जो परेड में अथवा आर्मी के दूसरे प्रसंगों के दौरान बजाया जाता है। यह एशिया की ऐसी सबसे बड़ी जगह है जहाँ फौजी संगीत का तीन साल का कोर्स कराया जाता है। इसके अलावा पाँच-सात वर्षों में जवानों को यहाँ भेजकर रिफ्रेशर कोर्स भी करवाया जाता है।

ये जवान सुबह से शाम तक 20-25 के समूह में कैम्पस के अलग-अलग कोनों में बैठकर फौजी संगीत की प्रैक्टिस करते हैं। एक व्यक्ति ऑर्केस्ट्रा नियंत्रित करता है, बाकी अपने-अपने साज के साथ रहते हैं।

ये लोग जहाँ बजा रहे थे, उससे थोड़ी दूर एक विशाल वृक्ष के नीचे चबूतरे पर चुपचाप जाकर मैं बैठ गया। संगीत चल रहा था और एक जवान उठकर मेरे पास आया। मैंने खड़े होकर कहा, *"मुझे सुनना है और आप जैसे बजाते हैं, वह देखना है। मुझे संगीत प्रिय है। आपको आपत्ति न हो तो मैं थोड़ी देर यहाँ बैठना चाहता हूँ।"*

उसके बाद एक घंटे में मुझे जो अनुभव हुआ, उसका मेरे मन पर बहुत गहरा प्रभाव पड़ा!

मिलिट्री या आर्मी के जवानों को हम जड़ मान लेते हैं, लेकिन ये लोग जड़ नहीं होते। ये लोग जिन्दादिल और बहादुर होने के साथ-साथ बहुत संवेदनशील भी होते हैं।

कुछ ही समय बाद चाय-विराम हो गया और टीम का लीडर मेरे पास आया। मैं खड़ा हो गया। हमने हाथ मिलाया। मैंने अपना परिचय दिया और कहा, *"आप लोग बहुत सुन्दर बजा रहे हैं।"* धीरे-धीरे अन्य जवान भी मेरे पास आ गए। आप कहाँ से आए हैं? क्या करते हैं, अकेले क्यों आए हैं जैसे प्रश्न पूछने लगे। मैंने भी उनसे संगीत और उनकी दिनचर्या के विषय में पूछा।

कुछ ही देर में तो हमें एक-दूसरे के प्रति इतनी आत्मीयता हो गई कि उनके ग्रुप लीडर ने कहा, *"साहब, आपको अपनी मिलिट्री वाली चाय पिलाते हैं।"* मैंने आनाकानी करते हुए कहा, *"भाई, मैं चाय नहीं पीता और अभी-अभी दूध-नाश्ता करके आया हूँ।"* परन्तु ऐसे भोले लोग और इतना प्रेम! मैंने और आनाकानी नहीं की। कुछ घुसफुस के बाद मेरे लिए चाय आई। बाद में पता चला कि वह घुसफुस मेरी चाय में दूध डालने के सम्बन्ध में थी। कुछ संकोच करते हुए उन लोगों ने अपना नाश्ता मुझे दिया। मोटे शक्करपारे जैसी कोई चीज थी। चीनी या नमक कुछ भी नहीं! मुझे अच्छा लगा। मैंने बताया भी लेकिन वे हँसने लगे। उन्हें लगा होगा, मैं मजाक कर रहा हूँ, केवल औपचारिकता निभा रहा हूँ।

वे लोग बड़ी मित्रतापूर्वक मुझसे बातें कर रहे थे। मैंने उनसे कहा, *"सेना के सभी जवानों को संगीत अवश्य सीखना चाहिए।"* सब प्रसन्न हो गए। बड़ी-बड़ी जलेबी जैसी गोल मूँछों वाले एक जवान ने मुझसे कहा, (व्यक्ति बहादुर था। बड़ी-बड़ी मूँछें थीं, लेकिन उसकी आँखों में आँख डालकर बात करने पर वह बच्चे जैसा भोला लगा) *"आपकी शादी में हम सब मिलिट्री म्यूजिक बजाने आएँगे।"* मैंने भी शरारत में कह दिया, *"हाँ-हाँ, आइएगा। आपको नहीं तो और किसे बुलाऊँगा?"*

हालाँकि बाद में मुझे शैतानी विचार आया कि वैसे भी तो शादी के बाद मिलिट्री म्यूजिक ही बजता है। घर में जंग का ऐलान हो जाता है, वातावरण तंग हो जाता है और कभी भी युद्ध छिड़ सकता है।

खैर, चाय-विराम के बाद उन लोगों ने मेरी पसन्द की एक धुन सुनाई और उनसे प्रेममय विदा लेकर मैं वहाँ से चल पड़ा।

लेकिन इस दौरान मेरे मन में दो बातें उभरीं जिन्हें मैं आपसे कहना चाहता हूँ।

एक तो 'मिलिट्री म्यूजिक' शब्द मुझे काफी पसन्द आया। वे लोग बजा रहे थे तभी मुझे ऐसा लगा कि कितना सुन्दर है दो शब्दों का मेल! Military Music!

'मिलिट्री' शब्द के साथ-साथ हमारे सामने अनुशासन, आदर, जिम्मेदारी, नियमितता, पुरुषार्थ, धीरज जैसे सुन्दर शब्द आ जाते हैं और 'म्यूजिक' शब्द के साथ-साथ ही मृदुता, सर्जनात्मकता, रियाज, लयबद्धता, मधुरता, एकता जैसे शब्द तैरने लगते हैं।

और मुझे अचानक विचार आया—जैसे आकाश में कोई बिजली कौंधी!

क्या Military Music प्रेम नहीं है?
प्रेम जिम्मेदारी है, लेकिन वह स्वतंत्रता भी है।
वह सख्त मेहनत भी है और फुरसत भी।
वह अनुशासन-नियमितता भी है और सर्जनात्मकता भी।
वह जीवन जीने की उत्कंठा भी है तो अपार धैर्य भी।
वह सब के साथ आत्मीयता है और उतना ही आदर भी।
प्रेम में अटल दृढ़ता भी है और हृदय की कोमलता भी।

There is responsibility and there is freedom!
There is regularity and there is creativity!
There is toughness and there is delicacy!
There is hard work and there is relaxation!
There is passion and there is patience!
Love is nothing but Military Music!

यह एक बात हुई जो मुझे खूब अच्छी लगी। मैंने 'प्रेम' शब्द को कुछ ठीक ढंग से समझा।

और दूसरी बात उस दृश्य की है जो स्थायी रूप से एक स्वप्न की तरह मेरे मन में बस गया है!

जब वे जवान मिलिट्री म्यूजिक बजा रहे थे और मैं वृक्ष के नीचे चबूतरे पर बैठा उन्हें देख रहा था, तभी तालाब के उस पार बड़ी दूर मेरी नजर पंचमढ़ी के एक रास्ते पर थी। मुझे स्कूल के कुछ बच्चे दिखाई दिए। मिलिट्री म्यूजिक बज रहा था और सैकड़ों छोटे-छोटे बच्चे दूर मेरी नजर के सामने से गुजर रहे थे। मैं संगीतमय वातावरण में डूबा हुआ था, फिर भी मैंने उन बच्चों को देखा। मैं मिलिट्री म्यूजिक भी देख-सुन रहा था और उन बच्चों को भी। और अचानक मेरी आँखें चमक उठीं!

मुझे लगा जैसे यही मेरा स्वप्न है—मिलिट्री म्यूजिक को छोटे-छोटे बच्चों तक पहुँचाना—प्रेम के सन्देश को उन तक ले जाना! यही मेरा स्वप्न है!

मेरे जीवन का वह एक घंटा कितना मधुर था! मैंने कितना कुछ अनुभव किया! कितनी संवेदना प्राप्त हुई और कितना कुछ सीखा!

यह दुनिया, यह पृथ्वी Military Music Wing ही है न!

हम भी सृष्टि के ऑर्केस्ट्रा का एक भाग ही हैं न, जिसमें हमारा साज स्वतंत्र रूप से बजता रहता है, लेकिन स्वतंत्र रूप से सुनाई नहीं देता। ऐसा लगता है कि यह विश्व एक धुन है, मेरा जीवन इस धुन का एक हिस्सा है और हमारा काम इस धुन को अधिक से अधिक अद्‌भुत बनाना है।

प्रेम की परिभाषा

शब्द और एहसास

हमने मनुष्य के अकेलेपन, उसकी बदनसीबी और दुर्भाग्य की बहुत-सी बातें कीं। अब प्रेम की परिभाषा को समझने के लिए थोड़ा गहन मंथन करके भी देखें। प्रेम के विषय में अलग-अलग महानुभावों द्वारा किए गए वर्णनों और अभिव्यक्तियों की बात हम पहले कर चुके हैं। अब हम यह समझने की कोशिश करें कि 'प्रेम' शब्द कितना अद्‌भुत है! एक बात को बड़ी ही विनम्रतापूर्वक पहले ही स्पष्ट कर लेना जरूरी है कि हम अपनी योग्यता और सूझ के अनुसार ही इस महान शब्द को समझ सकेंगे। प्रेम की विशालता को हम कभी भी सम्पूर्णतया अनुभव नहीं कर पाएँगे।

प्रेम यानी क्या? उसकी परिभाषा क्या है? उसे किस तरह व्यक्त किया जा सकता है? प्रेम शुद्ध है या नहीं, उसे कैसे जाना जा सकता है? मैं अपने प्रेम को कैसे अधिक शुद्ध बना सकता हूँ? ऐसे प्रश्न स्वाभाविक रूप से होने ही चाहिए। आप सबके मन में भी ऐसे प्रश्न उठते होंगे, ऐसा मुझे विश्वास है।

किसी भी भाषा में प्रत्येक शब्द के दो अर्थ होते हैं—एक, बौद्धिक अर्थ (Intellectual Meaning) और दूसरा, भावनात्मक अर्थ (Emotional Meaning)। उदाहरणस्वरूप 'घर' (Home)। इसका बौद्धिक अर्थ कुछ ऐसा होता है 'एक ऐसा मकान, जहाँ हम अपने परिवारजनों के साथ रहते हैं।' जबकि इसके भावनात्मक अर्थ में

बौद्धिकता के अलावा कुछ और संवेदनाएँ (Feelings) मिली होती हैं। माता-पिता का स्नेह, भाई-बहन की धींगा-मस्ती, दादा-दादी का वात्सल्य, गर्मी में शीतलता और ठंड में ऊष्मा, रोज शाम को गरमागरम भोजन, साथ में हँसना, साथ में रोना और बहुत कुछ हम 'घर' शब्द के साथ अनुभव करते हैं। 'सुबह का भूला शाम को घर लौटा' में इसी 'घर' की बात है। संवेदना से भरे हुए घर की बात है! किसी कारण से हमें जब घर से दूर जाना पड़े तो हमें 'होम सिकनेस' होती है। वह भी इसी 'घर' की होती है। थोड़ा विचार तो कीजिए, कितना सुन्दर है यह शब्द—'घर'!

प्रत्येक शब्द को इसी प्रकार पूरी तरह अनुभव करना चाहिए। हम सदैव उसके बौद्धिक अर्थ से ही जुड़े रहना चाहते हैं। शब्द बहुत सुन्दर होते हैं। उनके विशाल अर्थ में उन्हें पूरी तरह अनुभव करना चाहिए।

'स्वतंत्रता' (Freedom) कितना सुन्दर शब्द है! शब्द सुनते ही मुक्त एवं असीमित आकाश तथा उसमें उन्मुक्त विहार करते, कलरव करते पक्षी आँखों के आगे तैरने लगते हैं। 'स्वतंत्रता' शब्द कानों में पड़ते ही शरीर में उत्साह और रोमांच आ जाता है, आँखें हर्ष के आँसुओं से छलक जाती हैं। 'स्वतंत्रता' कितना सुन्दर शब्द है, कितना जीवन्त शब्द है! सभी शब्द जीवन्त होते हैं, होते हैं न?

'भगवान', 'आँसू', 'धैर्य', 'सौन्दर्य', 'खुशी', 'विशालता', 'रोमांच', 'उत्साह', 'नम्रता', 'विकास'—कितने सुन्दर शब्द हैं! हैं न?

शब्दों की जीवन्तता अथवा सुन्दरता वास्तव में शब्दों में नहीं होती, वह तो भाविक के हृदय में होती है। गुलामी यानी क्या? इसे जाननेवाला व्यक्ति 'स्वतंत्रता' के अर्थ को अच्छी तरह से अभिव्यक्त कर सकता है। पक्षी को पिंजरे में कैद करनेवाले व्यक्ति को कभी भी स्वतंत्रता का अर्थ पता नहीं चल सकता। स्वतंत्रता तो जिम्मेदारी है। दूसरे व्यक्ति की

स्वतंत्रता छीननेवाले व्यक्ति को 'स्वतंत्रता' शब्द की विशालता और जीवन्तता का एहसास कैसे हो सकता है?

शब्द बहुत सुन्दर होते हैं। उन्हें हम कितनी सुन्दरता से अभिव्यक्त कर सकते हैं, यह हमारी परिपक्वता अथवा हमारे अनुभव की गहराई पर आधारित होता है। मित्रों से घंटों गपशप के बाद आप जिस तरीके से *"अब मैं घर जाता हूँ"* कहते हैं, उससे आपकी पारिवारिक जीवन की मधुरता या कड़वाहट का अन्दाजा लगाया जा सकता है।

अनुभव और अनुभूति के साथ-साथ मनुष्य शब्दों की गहराई समझ पाता है और अपनी परिपक्वता के अनुसार उसे व्यक्त भी कर सकता है।

अब मैं एक शब्द लिखता हूँ, उसका अर्थ आप किस तरह अभिव्यक्त करते हैं, इसका निरीक्षण आप स्वयं करने का प्रयत्न कीजिए। दूसरा कोई नहीं देख सकेगा, लेकिन आप अवश्य देख सकेंगे और जो कुछ दिखाई दे उसे भी स्वीकार करने की कोशिश करें।

'प्रेम'

क्या हुआ?

रोंगटे खड़े हो गए? शरीर में रोमांच की झनझनाहट होने लगी? आँसू हृदय से निकलकर आँखों की ओर दौड़ आए? हृदय में अनन्त आकाश जैसे सन्तोष का एहसास हुआ? आपको गहन शान्ति और अवर्णनीय सुख का अनुभव हुआ?

यदि आपको ऐसा कुछ हो रहा है तो हमें इसकी अनुभूति एक समान हो रही है। 'प्रेम' शब्द के कान में पड़ते ही मैं जिन संवेदनाओं का अनुभव करता हूँ, उनमें देखभाल, आदर, जिम्मेदारी, ध्यान देना, अनुशासन, एकाग्रता, धीरज, श्रद्धा, उत्साह, उमंग, उदारता, स्वीकार, करुणा, क्षमादान, स्वतंत्रता, एकता, नम्रता, वफादारी, विकास, कृतज्ञता,

सर्जनात्मकता, स्वाभिमान, सहनशीलता आदि अन्य कितनी ही भावनाओं का समावेश हो जाता है। प्रत्येक शब्द मेरे लिए खूब जीवन्त है, खूब सुन्दर है! मेरे लिए यही प्रेम की परिभाषा है, जो दिन-ब-दिन और गहरी होती जाए, ऐसी मेरी ख्वाहिश है।

और मैं मानता हूँ कि शुद्ध प्रेम की एक ही बूंद को यदि सूक्ष्मदर्शी यंत्र से देखा जाए तो यह पूरी परिभाषा उसमें झाँकती हुई दिखाई देगी। प्रेम नामक पदार्थ के ये सब घटक हैं, तत्त्व हैं। तिरस्कार, स्वामित्वभाव, ईर्ष्या, क्रोध, अहंकार, अपेक्षाएँ, शिकायतें, बचकानी निन्दा और नकारात्मक एप्रोच व्यक्त करनेवाले दूसरे कुछ तत्त्व प्रेम को अशुद्ध करते हैं।

और प्रेम के इस द्रव को सकारात्मक एप्रोच के प्याले में समझदारी की छन्नी से छाना जाए, दर्द और विषाद से परीक्षण किया जाए और धैर्यपूर्वक एक-एक बूँद की गुणवत्ता बरकरार रखी जाए तो मनुष्य के हृदय सागर को सुख, शान्ति और सन्तोष से छलकने में देर नहीं लगती।

'प्रेम' शब्द समृद्धि दर्शाता है, कंगाली और गरीबी नहीं दर्शाता। वह विशालता दर्शाता है, संकीर्णता नहीं दर्शाता। यह उदारता दर्शाता है, कंजूसी नहीं दर्शाता।

प्रेम और विचारशीलता

प्रेम केवल भावना तो नहीं ही है, इस हकीकत से आप अब तो सहमत होंगे। फिर भी हमारे समाज में प्रेम को भावना के साथ इस हद तक जोड़ दिया गया है कि हमें प्रेम को भावना से अलग करने में नाक में दम आ जानेवाला है।

प्रेम भावना नहीं, किन्तु विचारशीलता है—यदि कोई आपसे ऐसा कहता है तो पहले तो आप अस्वीकार ही कर देंगे। अधिकांश अज्ञानी लोग इस प्रकार का डायलॉग मारते रहते हैं, *"भाई, सोच-विचार कर प्रेम नहीं होता। प्रेम तो बस हो जाता है।"* कहने में यह स्टाइलिश लगता है, पर है बिलकुल बकवास। आइए, उदाहरण द्वारा ही परखते हैं।

आपके घर में कोई बड़ा आयोजन है। घर में मुँह में पानी लानेवाले नाना प्रकार के व्यंजन बने हैं। कई व्यंजनों की सुगन्ध घर में फैल रही है। भोजन का समय हो गया है और व्यंजन परोसे जा रहे हैं। घर में एक लम्बे समय से बीमार बच्चा बिस्तर पर पड़ा है। बड़ी मुश्किल से महीनों बाद वह स्वस्थ हो रहा है। घर में जो व्यंजन बने हैं, वे इस बच्चे के लिए हानिकारक हैं, लेकिन बच्चा नादान है। उसे सब खाना है और मना करने पर वह जोर-जोर-से रो रहा है। वह सबका प्यारा बच्चा है और उसे रोता देखकर सभी परिजन भी भाव-विह्वल हो गए हैं। भावना कहती है कि बच्चा रोता है तो उसे खाने दो, परन्तु विचारशीलता

कहती है कि यदि बच्चा खाएगा तो उसे भयंकर हानि होगी। सच्चा प्रेम करनेवाला क्या करेगा?

बीमार बच्चे को इंजेक्शन लगता है, तब माता का हृदय भी सहानुभूति से चीरा जाता है। फिर भी माता बच्चे को इंजेक्शन लगाने में डॉक्टर का सहयोग करती है। प्रेम भावना है या विचारशीलता?

पति भ्रष्टाचारी है और वह कोई बड़ी रिश्वत लेने जा रहा है। पत्नी पति को प्यार करती है तो उसे भावनाओं में बहकर पति का साथ देना चाहिए या उससे विचारपूर्वक प्रश्न करना चाहिए, उसके कृत्य का विरोध करना चाहिए? प्रेम भावना है या विचारशीलता?

आपका एक जिगरी दोस्त है। वैसे तो वह अच्छा व्यक्ति है, लेकिन आपको पता चलता है कि वह कुछ गलत करने जा रहा है। आप उससे कुछ पूछते हैं या उसे रोकने का प्रयास करते हैं तो हो सकता है, उसे खो भी दें। आप उससे प्रेम करते हैं और उसके प्रति खूब भावनाशील हैं। यदि आप उससे सच्चा प्रेम करते हैं तो चुप रहेंगे या उसे रोकने का प्रयत्न करेंगे? यदि चुप रहेंगे, उसकी हर बात में 'हाँ' से 'हाँ' मिलाएँगे तो आप गलत करेंगे या मित्र का भला करेंगे? उसे रोकने का मन नहीं होता, ऐसी कोई भावना नहीं है। फिर भी आप ऐसा करते हैं, तो वह भले ही आपको धिक्कारता है, फिर भी आप समझते हैं कि आपने सही किया है। प्रेम भावना है या विचारशीलता?

स्वतःस्फूर्त भावनाओं में बहकर कुछ भी कर जाना यह बिना विचारे दी गई प्रतिक्रिया है। हम किसी सिद्धान्त का अनुसरण करके, भले कठोर लगे तो भी सही चुनाव करके, उसे अमली जामा पहनाएँ तो वह विचारशील कर्म बनता है।

सच्चा प्रेम कभी भी अविवेकी नहीं होता। वह सरल मार्ग नहीं चुनता। वह विचारशील बनकर चुनाव करता है और फिर उसे हृदय की गहराइयों में स्थित दृढ़ प्रेम से अमल में लाता है।

प्रेम और साहस

कुछ वर्षों पहले मैं एक शुभचिन्तक के घर गया था। बातों ही बातों में उन्होंने कहा, "यदि, मेरा बस चले तो मैं 'सिक्युरिटी' शब्द को ही डिक्शनरी में से निकाल फेंकूँ।"

अब तक के मेरे अनुभव और उससे प्राप्त सूझ के कारण मैं भी ऐसा कहना पसन्द करता हूँ कि 'सुरक्षा' शब्द ने मनुष्य के जीवन जीने के रोमांच की ऐसी-तैसी कर डाली है। सभी को हमेशा सुरक्षा चाहिए। सुरक्षित नौकरी, सुरक्षित आय, सुरक्षित सम्बन्ध, सुरक्षित सुख...हमें सब कुछ ही सुरक्षित चाहिए और वह भी तब जब कि यह सुरक्षित शब्द 'जिन्दगी' से विरुद्ध अर्थ देनवाला शब्द है। जिन्दगी असुरक्षा और खतरे को ही सूचित करती है। कारण कि जीवन हमेशा परिवर्तनशील होता है, हमेशा बदलता रहता है और अगले ही पल क्या हो जाएगा, यह मनुष्य कभी कह नहीं सकता।

परिवर्तनशीलता मनुष्य को इसलिए नहीं भाती होगी क्योंकि हो सकता है कि उसमें दुःख मिले, अनिश्चितता के कारण उसे बेचैनी रहती होगी और इस अशान्ति, अस्वस्थता और दुःख को अपने से दूर रखने की एप्रोच ही उसे यहाँ-वहाँ सुरक्षा खोजने के लिए प्रेरित करती होगी।

दुःख मनुष्य को अच्छा नहीं लगता, इसलिए वह दुःख की सम्भावनाओं से भी दूर रहने का प्रयास करता है। दुःख के सागर की

जहाँ थोड़ी भी गर्जना सुनाई देती है, वह तुरन्त उसकी विपरीत दिशा में भागने का प्रयास करता है। उसे यह भी नहीं पता चल पाता कि वह इस महासागर की गहराई में जीवन के मोती की विरुद्ध दिशा में भाग रहा है।

एक सुन्दर अवलोकन के बारे में आप सबको सोचना अच्छा लगेगा। आपको पता होगा कि हमने पाश्चात्य संस्कृति का बहुत कुछ अन्धानुकरण किया है। उसमें से एक है, घर में कुत्ता पालना। तथाकथित सभ्य और ऊँचे दर्जे वाले, विशेषतः धनवान परिवारों में एक अच्छा कुत्ता पालना, सुबह-शाम उससे बँधी चेन पकड़कर उसे घुमाने ले जाना आदि ऊँचे स्टेटस की निशानियाँ मानी जाती हैं। मेरा ऐसा मानना है कि करुणा से प्रेरित होकर नहीं बल्कि झूठी प्रतिष्ठा के मोह में पड़कर जो लोग कुत्ता पालते हैं, उन लोगों का पारिवारिक जीवन छिन्न-भिन्न होता है और यह कुत्ता उनके छिन्न-भिन्न जीवन को जोड़ने और परिवार के सभी सदस्यों के अकेलेपन की पीड़ा को कम करने में महत्त्वपूर्ण भूमिका अदा करता होगा। मैं जो कह रहा हूँ, उसे थोड़ा समझने का प्रयत्न कीजिए। कुत्ता पालने से मुझे कोई आपत्ति नहीं है। मैं एक मनोवैज्ञानिक दृष्टिकोण की बात कर रहा हूँ, जो अधिकतर परिवारों पर लागू होता है।

ऐसे परिवारों में सभी बहुत व्यस्त होते हैं, सभी बहुत अहंकारी होते हैं। साहब बड़े उद्योगपति हों, मैडम कुछ क्लबों की सम्मानित अध्यक्षा हों और सन्तानों को मर्सिडीज में स्कूल भेजा जाता हो। ऐसे परिवार के लोगों को 'घर' का अर्थ पता ही नहीं हो सकता।

अब सोचना यह है कि प्रेम और सांत्वना यदि प्रत्येक मनुष्य की जरूरत हो, तो ये लोग अपनी जरूरतें कैसे पूरी करते होंगे? थोड़ा विचार करें कि उच्च वर्ग के लोगों को भी मूलभूत वस्तुओं की जरूरत तो पड़ती ही होगी न!

इन साहबों, मैडमों और उनके राजकुमारों को इनका कुत्ता बहुत प्यारा होता है। ये लोग कुत्ते को गोद में लेकर, उसे गले लगाकर, उसके भरे-पूरे बालों में हाथ घुमाकर उसे चुम्बनों से नहला देते हैं। वह कुत्ता उन्हें चाटता है, वह भी उन्हें बहुत अच्छा लगता है।

अलबत्ता, हँसी आए यह ऐसी बात है, लेकिन है बड़ी गम्भीर बात। थोड़ा विचार कीजिएगा। अपनी सन्तानों को गलत सभ्यता और फैशन सिखाने के बदले उन्हें प्रेम करने में, उन्हें गले लगाने में, उनके कन्धे पर हाथ रखने में इन माता-पिता को क्या दिक्कत होती होगी? ये लोग प्रेम की निःस्वार्थ अभिव्यक्ति को नादानियत और अपरिपक्वता से क्यों जोड़ देते हैं? बाद में सन्तानें भी ऐसा ही सीख जाती हैं कि प्रेम व्यक्त करना ही नहीं है। यह भावना इस हद तक बढ़ जाती है कि वयस्क होने के बाद भी इस तरह की सरल अभिव्यक्ति करना भी एक खूब साहस का कार्य बन जाता है।

यह बात यहीं समाप्त नहीं होती। निन्दा के वातावरण में रहते हुए हम हमेशा एक-दूसरे में नकारात्मक भाव देखने के आदी हो जाते हैं। उसके अच्छे गुणों के लिए उसकी प्रशंसा भी नहीं करते। हमें जो मिलता है, उसके लिए आभार भी नहीं व्यक्त करते, भूल होने पर माफी भी नहीं माँगते।

कहने का तात्पर्य इतना ही है कि हम कुछ भी नया करने का खतरा नहीं उठाते। हमें डर लगता है कि कहीं कुछ गलत हो जाएगा तो? और इसीलिए हम खुशी भी नहीं पाते। कोई हमें दुःखी करेगा, इस कल्पना से ही हम बहुत कुछ चूक जाते हैं, जिनका वास्तविक जीवन से घनिष्ठ नाता होता है। यह बात जितनी दिखाई देती है, उतनी छोटी है नहीं—बड़ी महत्त्वपूर्ण और अत्यन्त ही गम्भीर बात है। आशा करता हूँ, आप समझ पाएँगे।

प्रेम मनुष्य का एक ऐसा एप्रोच है जिसमें व्यक्ति हमेशा साहसी बना रहता है। वह मुसीबतों या दुःखों से नहीं डरता है, लेकिन दुःख देनेवाली परिस्थितियों से धैर्यपूर्वक कुछ सीखने के लिए प्रयत्नशील रहता है। और दुःख की अनुभूति में यदि किसी प्रियजन का हित दिखाई देता है, तो उसमें भी वह सुख का अनुभव करता है।

प्रेम और नम्रता

सच्चा प्रेम कर सकने और पाने के लिए जितनी आवश्यकता साहस की है, उतनी ही नम्रता की भी है। नम्रता और अहंकार के बीच का सम्बन्ध समझने लायक है। जैसे-जैसे व्यक्ति में अहंकार की मात्रा घटती जाती है वैसे-वैसे उसमें नम्रता की मात्रा बढ़ती जाती है। यानी कि नम्रता को बरकरार रखने के लिए, प्रेम की कला सीखने के लिए 'अहंकार' शब्द को समझना अत्यन्त जरूरी है।

अहंकार के विषय में कुछ कहने से पहले एक स्पष्टीकरण कर दूँ। मैं ऐसा मानता हूँ कि प्रत्येक व्यक्ति में कुछ कम या ज्यादा मात्रा में अहंकार रहता ही है, इसीलिए किसी दूसरे व्यक्ति को अहंकार छोड़ने का उपदेश देने की योग्यता सम्भवतः इस संसार में किसी भी व्यक्ति के पास नहीं है। मित्रता के कारण व्यक्ति अपने अहंकार को समझने और अपने अस्तित्व में से जितना सम्भव हो, उतना उसकी मात्रा कम करने का प्रयत्न कर सकता है और मैं यही करने का प्रयास सतत् करता रहता हूँ। जैसे-जैसे अहंकार के प्रति मेरी जागृति बढ़ती जा रही है, वैसे-वैसे उसकी सूक्ष्मता का एहसास भी होता जा रहा है।

अहंकार को प्रेम का सबसे बड़ा शत्रु होना चाहिए, यदि ऐसा कहें तो भी कोई अतिशयोक्ति नहीं होगी। अहंकार के कारण ही हम ऐसे कुछ पलों को खो देते हैं जो हमें भरपूर प्रेम दे सकते थे या बड़ी ही

कृतज्ञतापूर्वक उसका स्वीकार कर सकते हैं। मैं ऐसे पलों को याद करता हूँ तो मेरी आँखें तत्काल नम हो जाती हैं।

वर्षों पहले मेरा सोलर वाटर हीटिंग सिस्टम की मार्केटिंग का व्यवसाय था। एक बार दिसम्बर महीने में मुझे सौराष्ट्र के आधे दर्जन डॉक्टरों ने मिलकर कुछ ऑर्डर दिए थे। पैसा बचाने के लिए उन्होंने जिस प्रकार मेरे साथ बातचीत की, उससे मुझे लगा कि ये डॉक्टर पैसेवाले हैं और पैसा बचाने के लिए बहुत कुछ गलत कर सकते हैं। स्वभावतः वे बड़े लोभी भी थे। मैं जब भी ग्राहकों से मिलता, बड़ी ही आत्मीयता से अपनी सच्चाई और ईमानदारी का आश्वासन देता और विश्वास पैदा करने की कोशिश करता, लेकिन आज के जमाने में किसे जल्दी विश्वास होगा?

उन डॉक्टरों द्वारा दिसम्बर में दिए गए चेक किसी कारणवश बैंक में मकर संक्रान्ति तक क्लियर नहीं हुए। हमारे बीच ऐसा करार था कि जब तक चेक क्लियर नहीं होगा, तब तक मैं उन्हें सोलर सिस्टम की डिलिवरी नहीं दे सकता। सोलर सिस्टम की डिलिवरी में थोड़ा विलम्ब होने से डॉक्टर अकुलाए। मैंने उन्हें समझाने की कोशिश की, फिर भी उनकी बेचैनी मैं देख पा रहा था।

अन्त में चेक क्लियर हुए और मैंने उन्हें सोलर सिस्टम डिलिवरी की दो तारीखें दीं। किन्हीं कारणों से पहले दिन डिलिवरी न हो सकी तो दूसरे दिन भेज सकूँ, इसलिए मैंने उन्हें दो दिन की जामिनगीरी दी थी। और पहले दिन डिलिवरी नहीं ही हुई। दूसरे दिन जब ट्रक सौराष्ट्र की ओर रवाना हुआ, तभी मैंने डॉक्टर को फोन से जानकारी दी, लेकिन मैं कुछ बोल पाता, उसके पहले ही डॉक्टर मुझ पर बरस पड़े, "मैं अन्य डॉक्टरों को क्या कहूँ? बड़ी-बड़ी बातें करते हैं, लेकिन आपका कोई विश्वास नहीं। दिसम्बर में पेमेंट दिया था,

लेकिन अभी तक सोलर सिस्टम की डिलिवरी नहीं हुई..." कुछ सुनने को तैयार ही नहीं। अन्त में मुझे कठोर आवाज द्वारा उनका मुँह बन्द करना पड़ा। "सिस्टम की डिलिवरी हो रही है। यह बताने के लिए ही मैंने फोन किया है।" और रिसीवर रख दिया।

इन लोगों की विचारहीनता पर मुझे बड़ा क्रोध आया। कुछ लोग ऐसा सोचते हैं, जैसे पैसा देने पर उन्हें मनुष्य का खून चूसने का अधिकार मिल जाता है। मेरे साथ तो उन्होंने सचमुच बुरा बर्ताव किया था। मैंने तुरन्त फैसला किया कि अब जब भी अमरेली जाऊँगा तब उनसे मिलकर उन्हें समझाऊँगा कि भविष्य में मेरे साथ किस प्रकार से व्यवहार या बातचीत करें। एक बार तो पत्र लिखकर भी उन्हें डाँटने की मेरी इच्छा हुई कि परिस्थिति को जाने बिना कुछ भी बकते हैं, यह आपको शोभा नहीं देता आदि-आदि, लेकिन किसी कारण से वह मैं नहीं कर पाया। अच्छा ही हुआ कि समयाभाव के कारण मैं उन्हें पत्र नहीं लिख पाया।

बाद में मेरा दोबारा सौराष्ट्र जाना हुआ। दोपहर एक बजे उन डॉक्टर्स के शहर में पहुँचा। सभी काम पूरा करने के बाद सायं सात बजे उनके हॉस्पिटल पर पहुँचा। सभी सिस्टम पहुँच गए थे और उन्हें गर्म पानी मिलने लगा था। उनके ऑफिस में प्रवेश करते समय मेरे मन में दो बातों को लेकर संघर्ष चल रहा था। एक तो उन्हें बड़े विवेक से और स्पष्ट भाषा में कुछ कहने का और दूसरा, शान्त रहकर संयम रखने का। मैं भीतर गया, कुछ बातें हुईं और डॉक्टर ने बातों ही बातों में मुझसे कहा, "आपका काम वाकई अच्छा है, हमें अच्छा लगा।" मेरे अन्तर में कुछ आर्द्रता पसर गई और उसी आर्द्रता से मैंने उनसे कहा, "डॉक्टर, हमारी जिम्मेदारी अब शुरू होती है, जब मैंने आपको सिस्टम दे दिया है। मैं अपने सभी क्लाइंट्स के साथ आत्मीयता और सच्चा सम्बन्ध रखने का प्रयास करता हूँ।

आप विश्वास रखिए, मैं आपको निराश नहीं करूँगा, क्योंकि व्यापार और पैसे की अपेक्षा आत्मीयता और मित्रता मुझे अधिक प्रिय है।" ऐसा कहकर मैंने मुस्कुराते हुए विदा ली।

डॉक्टर सिद्धान्तविहीन और पैसे के अतिशय लोभी होंगे, लेकिन इससे मुझे क्या लेना? मेरे साथ थोड़ी रुखाई से बात की, इसका मुझे इतना बुरा क्यों लगा? मैं संजीव शाह हूँ इसलिए? दूसरे, जो मेरे साथ सम्मानपूर्वक और प्रेम से व्यवहार करते हैं तो क्या वे महान हो गए? यदि अहंकार न होता तो क्रोध या झुँझलाहट का स्थान होता? मेरे क्रोध और झुँझलाहट को कोई देख नहीं सकता, पर मैं तो देख सकता हूँ न!

यदि मैंने आवेश में आकर पत्र द्वारा कुछ लिख दिया होता तो आग में घी डालने जैसा काम होता। उनका भी अहंकार घायल होता और हमारे सम्बन्धों में भी मिठास न आ पाती। (जो सम्भवतः अब आ जाएगी।) और दुनिया में अमुक व्यक्तियों के साथ मेरे प्रेम के नहीं द्वेष के सम्बन्ध होते। इससे मुझे दुःख होता, मुझे बेचैनी रहती, मैं अस्वस्थ होता और जब मुझे भूल का एहसास होता तब तक अहंकार बढ़ चुका होता तथा अपने इस जीवन में जो भी पाया है, उसमें से कुछ कम हो जाता। जिम्मेदारी या दोष किसका होता?

खैर, ऐसा तो बहुत कुछ होता ही रहता है। हम सिर्फ उनको देखना, उनका विश्लेषण करके समझना और उनमें से कुछ सीखना चूक जाते हैं।

कई बार मुझे एक खूब प्रबल अनुभूति होती है। अभी हम लोग नम्रता के सन्दर्भ में बात कर रहे हैं, तो मैं अपनी उस अनुभूति और उसकी प्रबलता के सन्दर्भ में कुछ पल आपके साथ बाँटना चाहता

हूँ। पंचमढ़ी के एकान्त में एक दिन सूर्यास्त के समय होनेवाली उस अनुभूति का सम्पूर्ण वर्णन करना मेरे लिए असम्भव है, फिर भी कोशिश करता हूँ।

पंचमढ़ी निवास में मेरी पहली ही शाम की बात है। मैं पूरे दिन वहाँ घूमता रहता था, चलता रहता था, प्रकृति के सौन्दर्य में स्वयं को डुबोता रहता था, कुछ-न-कुछ सोचता रहता, कुछ अनुभव करता रहता। इसके साथ-साथ ही कभी-कभी अपना मनपसन्द सुन्दर संगीत भी सुनता रहता, जो मानो मेरे अस्तित्व में ही बहा करता था। पहले दिन शाम को पंचमढ़ी के पास स्थित पंचमढ़ी हिल पर मैं सूर्यास्त का दृश्य देखने गया। जब मैं गया था तब छुट्टियों के दिन नहीं थे, इसलिए भीड़ बिलकुल नहीं थी। उस दिन पंचमढ़ी हिल पर मैं अकेला ही था।

पंचमढ़ी हिल ऐसी एक पहाड़ी है, जिस पर दस-पन्द्रह मिनटों में ही चढ़ा जा सके। इस पर चढ़कर आप पूरी पंचमढ़ी देख सकते हैं। उसकी चोटी पर इधर-उधर परस्पर जुड़ी हुई जो बड़ी-बड़ी चट्टानें हैं, उनमें से सबसे बड़ी चट्टान पर जाकर मैं बैठ गया। पूरे दिन के परिश्रम की थकावट के कारण शरीर में थोड़ी थकान लग रही थी।

उस दिन पवन की गति खूब तेज थी। शीतल पवन की सरसराहट मुझे कँपा रही थी। ठंड से बचने के लिए मैंने जैकेट की चेन बन्द कर ली, कान पर टोपी पहन ली। एकदम नारंगी रंग का सूर्य जिसके सामने सतत् देख सकें, क्षितिज से कुछ ही ऊपर था। मुझे एकदम भारहीन होने का मन हुआ और मैं चट्टान पर ही सीधा, पीठ के बल लेट गया।

मेरी आँखें आकाश की ओर थीं। पूरे आसमानी रंग के आकाश में कुछ बदलियों का ढेर चुपचाप गुजर रहा था। नीचे पूरी पंचमढ़ी

स्ट्रीट लाइट से जगमगा रही थी। कहीं दूर-दूर से सुनाई पड़ती आवाज के अलावा सब कुछ एकदम शान्त था। चारों दिशा में आकाश और जमीन को अलग करनेवाला क्षितिज, पहाड़ों और टेकरियों की कतारें थीं, जो मद्धिम होते प्रकाश और जंगलों के कारण गहरे हरे रंग की लग रही थीं और उनका किनारा सूर्य-प्रकाश के केसरी रंग की एक रेखा से उतना ही सुन्दर लग रहा था।

इतना सुन्दर वातावरण हो, प्रकृति और समग्र सृष्टि मुस्कुराते-मुस्कुराते अपने सौन्दर्य का रंग धीरे-धीरे बदल रही हो, जब मनुष्य संस्कृति नीचे छोड़कर आया हो और एकान्त में हो, जब वह बिलकुल हल्का-फुल्का महसूस कर रहा हो...उस समय वह अपनी अन्तरात्मा की आवाज अधिक स्पष्ट रूप से सुन सकता है।

मेरी आँखों के सामने मुक्त और विशाल आकाश था। एक तरफ नीचे दूर-दूर तक मनुष्य और संस्कृति जगमगा रही थी। उससे भी दूर-सुदूर वडोदरा शहर में रहनेवाला संजीव शाह नामक एक व्यक्ति था। दूसरी तरफ गोल-गोल घूमता बहुत ही प्यारा लगनेवाला सूर्य जिसके सामने देखते ही रहने का मन करे। ऐसा लग रहा था, जैसे प्रकृति के अन्य तत्त्वों को नम्रता का सन्देश दे रहा हो।

उगता सूर्य मुझे आत्मविश्वास सिखलाता है,
मध्याह्न का सूर्य स्वाभिमान सिखलाता है
और अस्त होता सूर्य नम्रता सिखलाता है।

हम अपना जीवन जीते-जीते न जाने कितने प्रसंगों और घटनाओं से गुजरते हैं। इन सभी अनुभवों का मंथन करें तो यह समझ सकते हैं कि हम कितने स्वार्थी, कितने संकुचित, कितने अभिमानी और अहंकारी हैं। एकान्त के सान्निध्य में ऐसे अनेक प्रसंग मेरे भीतर उफन रहे थे।

सूर्य के नीचे की गोलाई ने क्षितिज का स्पर्श किया और सूर्य ने पृथ्वी के उस ओर कुछ समय के लिए विलीन होना प्रारम्भ किया, किसी दूसरी ओर उदय होने की शुरुआत करने के लिए। और इसी क्षण, जब सूर्य ने विलीन होना प्रारम्भ किया कि तभी मेरे कान में संगीत के स्वर गूँजने लगे और उस समय मैं जिस भाव का अनुभव करना चाहता था, उसे अधिकाधिक सघन बनाने लगे।

खुदा हमको ऐसी खुदाई न दे,
कि अपने सिवा कुछ दिखाई न दे।

हम प्रकृति के अंश होंगे, लेकिन हम ईश्वर नहीं हैं। यदि हम स्वार्थी और अहंकारी बनकर जीते हैं तो जिन्दगी हमें छोड़ती नहीं है। दुःख और पीड़ा का पहाड़ हमारे भीतर भर देती है। मैं किस तरह और अधिक अच्छा मनुष्य बन सकता हूँ?

अस्त होता सूर्य, एकान्त, असीमित आकाश, चारों ओर प्रकृति, दूर-दूर संस्कृति, पवन की सरसराहट, ठंड और भावनाओं की तीव्रता से ये काँपता मेरा शरीर, आँखों से सतत् बहनेवाले आँसुओं का खारापन और ये संवेदनाएँ...काश, मित्रता के दावे से मैं आपको नम्रता में सनी भावनाओं की भेंट दे सकूँ!

प्रेम और भलाई

एक बौद्ध साधु था। एक बार जंगल में एक भेड़िया उसके पीछे पड़ गया। उससे बचने के लिए भागते-भागते वह एक खाई के पास पहुँच गया। उसे लगा कि यदि वह कूदता नहीं है तो भेड़िया उसे खा जाएगा। नीचे नजर करते ही देखता है तो वहाँ एक भूखा बाघ मुँह फाड़े उसका इन्तजार कर रहा है। साधु नीचे कूद पड़ता है, लेकिन बीच में ही पेड़ की एक जड़ पकड़ लेता है और बीच में ही लटक जाता है। उसी समय जंगली चूहे जैसा एक प्राणी आकर उस जड़ के जिस सिरे पर वह लटका है, उधर से धीरे-धीरे जड़ को खाने लगता है। जिस समय वह जड़ को खा रहा होता है, तभी बौद्ध साधु की नजर उसने जहाँ से जड़ को पकड़ रखा है, उसी के पास के एक जंगली स्ट्रॉबेरी के पेड़ पर पड़ती है। एक सुन्दर, रसदार और पकी हुई स्ट्रॉबेरी उसके सामने ही हवा में लहरा रही है। उस बौद्ध साधु ने एक हाथ से जड़ पकड़ रखी और दूसरे हाथ से स्ट्रॉबेरी तोड़कर फौरन मुँह में डाल ली। और बोल उठता है, *"कितनी स्वादिष्ट है!"*

कहानी में हमें थोड़ी अतिशयोक्ति लगना स्वाभाविक है, लेकिन कहानी का सन्देश समझने लायक है।

कहानी का सन्देश यह है कि मनुष्य को सदैव वर्तमान में जीना चाहिए। यदि इस समय भूतकाल अथवा भविष्य के लिए हम कुछ कर

ही न सकते हों तो रोने से कोई फायदा है क्या? यह बात बड़ी ही गम्भीर है। कारण कि वर्तमान में जीना सरल नहीं है। वर्तमान में जीना यानी गैर-जवाबदेह और आलसी बनकर बैठे रहना भी नहीं है। प्रेम और संलग्नता में सीधा सम्बन्ध है। बहुत कम लोग ऐसे होते हैं जो सच्चे अर्थों में वर्तमान में जीते हैं। प्रतिदिन अपने जीवन को अधिक से अधिक अर्थपूर्ण बनाते हैं।

समय किसी के लिए ठहरता नहीं। वह हमेशा स्थिर गति से चलता रहता है, चलता ही रहता है। समय के प्रवाह में मनुष्य कभी भी जहाँ वह है, वहाँ स्थिर नहीं रह सकता। वह या तो प्रगति कर सकता है अथवा अपने आप पीछे की ओर गति कर सकता है।

हम सभी के जीवन में कुछ-न-कुछ प्रश्न तो होंगे ही। आपको किसी से शिकायत होगी, और ऐसा होना बहुत स्वाभाविक है। मम्मी-पापा अथवा परिवारजनों, शिक्षकों या शिक्षा अथवा मित्रों से सम्बन्धित कोई-न-कोई शिकायत हमारे मन की गहराई में तो होती ही है।

मुझे भी पूरी दुनिया से बहुत शिकायतें थीं, लेकिन अब नहीं हैं। अब मैं प्रत्येक मनुष्य को उसी की दृष्टि से देखना सीख रहा हूँ। अभी भी परिस्थितियाँ वैसी ही हैं। मेरे आसपास के लोग, प्रतिदिन सम्पर्क में आनेवाले लोग भी शिकायतें करते रहते हैं अथवा मुझे शिकायत करने का मन हो, ऐसी परिस्थितियों का निर्माण करते हैं।

लेकिन अब मैं सीख गया हूँ कि पूरे दिन शिकायतें करना, मन-ही-मन जलना और दुःखी होना, यह सब निरर्थक है। भगवान ने जो छोटा-सा जीवन दिया है, उसे अच्छी तरह से नहीं बिता सकते? क्या हम प्रत्येक क्षण को उसके वास्तविक रूप में नहीं जी सकते? किसी के जीवन में निरन्तर सुख या दुःख नहीं रहता। सुख और दुःख, दोनों

मनुष्य की आवश्यकताएँ हैं। यदि दु:ख न होता तो प्रेम क्या है, इसका मनुष्य को कभी पता चल पाता?

हम जिस प्रकार खिलखिलाकर, मुक्त मन से हँस सकते हैं, वैसी ही उत्कटता से दिल से रो भी सकते हैं। आँसू बहाने में कुछ गलत नहीं है। आँसू किन परिस्थितियों में बह रहे हैं, यह मनुष्य की परिपक्वता का सूचक है। खूब हँसना, खूब रोना, खूब सीखना, खूब जीना...! बस जिन्दगी भरपूर होनी चाहिए! जो भी करें, उसे पूरी तन्मयता से करें, बस। फिर जीवन की सार्थकता क्या है, यह बहुत जल्दी समझ में आ जाता है। और प्रेम ऐसा अधिगम (एप्रोच) है, ऐसी कला है जो मनुष्य के जीवन को सार्थक बना सकती है।

मैं आपको एक छोटा-सा उदाहरण देना चाहता हूँ। अंग्रेजी में एक सुन्दर कहावत है, जिसका भावार्थ कुछ ऐसा है—

शब्दों में संवेदना मिलाने से किसी के भीतर
आत्मविश्वास का सर्जन हो सकता है!
विचारों में संवेदना लाने से
ज्ञान में अतिशय गहराई आती है!
और संवेदना से कुछ देने से
हमारे मन में प्रेम का सृजन होता है!

Kindness in words creates confidence,
Kindness in thinking creates profoundness And
Kindness in giving creates love.

अब हम अपने-आप से ही एक प्रश्न पूछें—

"Are we kind all the time?"

"क्या हम सदैव दयालु बने रहने का प्रयत्न करते हैं?" किसी छोटे बच्चे को कुछ भी न आ रहा हो तो थोड़ी सहानुभूति रखकर, कहकर देखना, "भाई, तुझे जरूर आएगा, क्यों नहीं आएगा? तू इतना बुद्धिमान है, चल कोशिश तो कर।" आप उस बच्चे में आत्मविश्वास का संचार होते देख पाएँगे।

विचार करते समय उदार बनने की कोशिश करना। माता-पिता पर क्रोध आ रहा हो तो ऐसे सोच सकते हैं, "मैं जब छोटा था तब मेरी कितनी नादानियों और कुचेष्टाओं को उन्होंने हँसकर बरदाश्त किया होगा! उन पर किसी भी कारण से क्रोध आ भी कैसे सकता है?" उदार होकर विचार करेंगे तो धीरे-धीरे आपका गाम्भीर्य बढ़ेगा, परिपक्वता बढ़ेगी ही।

और कुछ देते समय खूब अनुग्रह से देना। आप अपने भीतर और बाहर प्रेम के सृजन का अहसास कर पाएँगे। अक्सर हम किसी को पानी का ग्लास यंत्रवत् देते रहते हैं। अब जब भी देना, खूब उदारता से देना। भलाई के साथ देना। और फिर आपके मन में क्या होता है, उसे अनुभव करने का प्रयास करना। यह सकारात्मक भावना ही प्रेम है, जो सहानुभूति से किसी को कुछ देने से होता है। आप मेरी बात समझ सकते हैं न?

हम सदैव मन, वचन और कर्म से दयालु क्यों नहीं हो सकते? कोई ऐसी परिस्थिति है, जिसमें हम प्रेम का सृजन नहीं कर सकते, प्रेम का सतत् अनुभव नहीं कर सकते? ऐसी भावना, ऐसी ही प्रबलता से होना मुझे जरूरी लगता है। ऐसी भावना होने में ही आशा निहित है, जीवन को प्रेममय बनाते जाना यानी अधिक से अधिक सार्थक बनाते जाना! और ऐसा होना ही सच्ची सर्जनात्मकता है।

आप सभी जानते हैं कि आप सब मुझे कितने प्रिय हैं? मेरा बस चले तो मेरे पास जो है, वह सर्वस्व आपको भेंट दे दूँ। और मैं ऐसी

कल्पना भी करता हूँ कि मैं आपको स्वप्न का उपहार दूँ, आशा की भेंट दूँ, स्वतंत्रता की सौगात दूँ। आपको जीवन, प्रेम और मित्रता की भेट दूँ, लेकिन वास्तव में यह सब मैं आपको इस तरह नहीं दे सकता न! इसलिए मैं आपके समक्ष अपनी भावनाओं को बाँटता फिरता हूँ।

हमने क्या किया?

यदि मुझसे पूछा जाए कि प्रेम से जुड़ी भावनाओं में से कौन-सी भावना मुझे सबसे ज्यादा पसन्द है तो मैं बेझिझक उत्तर दूँगा—'जिम्मेदारी की भावना।' यह बात मुझे सबसे पहले कहनी चाहिए थी। खैर, सम्भवतः अन्त में मैं आपसे अधिक वजन देकर कह पाऊँगा।

अल्बर्ट स्वाइत्जर बड़े महान व्यक्ति थे। सम्भवतः वे जितने अच्छे वैज्ञानिक थे, जितने अच्छे डॉक्टर थे, उससे भी कहीं अच्छे मनुष्य थे। वे अपने जीवनकाल में बार-बार एक ही बात कहते थे—

जब तक इस दुनिया में एक भी मनुष्य भूखा है,
बीमार है, अकेला है या किसी भय में जी रहा है,
वह मनुष्य मेरी जिम्मेदारी है।

अल्बर्ट स्वाइत्जर की यह समझ शुद्ध, सच्चा और स्वाभिमानी प्रेम से सराबोर ही होनी चाहिए। यह बुजदिलों की भाषा नहीं है। यह तो बहादुर, जवाँमर्द की भाषा है।

हमारी मानसिक दशा और उसमें भी जवाबदेही की भावना कितनी नाजुक है, इसका यदि हमें ज्ञान हो जाए तो पूरे शरीर में कँपकँपी दौड़ जाए।

अमेरिका के एक कॉलेज में एक प्रयोग हुआ था। प्रोफेसर ने अपने वर्ग के सभी छात्रों से प्रत्येक द्वारा दस सेंट का योगदान देने को कहा। इसके लिए उन्होंने उनके सामने तीन विकल्प रखे। दक्षिण

भारत में भीषण अकाल से मरते मनुष्यों को बचाने के लिए; अपनी ही कॉलेज में पढ़नेवाले एक काले अफ्रीकी विद्यार्थी को शिक्षा में मदद के लिए अथवा अपने ही कॉलेज में एक जेरॉक्स मशीन खरीदने के लिए वे दस सेंट दे सकते हैं। किसी भी एक विकल्प को चुनकर उन्हें दस सेंट देना था। प्रत्येक विद्यार्थियों ने गुप्त रूप से अपना विकल्प चुना, जिसका परिणाम कुछ इस तरह था। लगभग 85 प्रतिशत विद्यार्थियों ने जेरॉक्स मशीन खरीदने के लिए, 12 प्रतिशत विद्यार्थियों ने अफ्रीकी विद्यार्थी की सहायता के लिए और केवल 3 प्रतिशत विद्यार्थियों ने दक्षिण भारत के अकाल-पीड़ित लोगों की सहायता के लिए अपने दस सेंट दिये। इसका सीधा-सा अर्थ यह है कि अधिकतर विद्यार्थियों ने अपने लाभ का विकल्प चुनकर अपने दस सेंट खर्च करना पसन्द किया।

एक मनुष्य के जीवन की क्या कीमत है? थोड़ा सोचिए। मैं आपको कितनी जेरॉक्स मशीनें दूँ जिससे आप अपना जीवन देंगे? थोड़ा सोचिए। पूरी दुनिया की जेरॉक्स मशीनों की कीमत अधिक है या एक मनुष्य के जीवन की कीमत? यदि अपने दस सेंट से मैं किसी आदमी का जीवन बचाने की अपेक्षा अपने व्यक्तिगत लाभ के लिए जेरॉक्स मशीन खरीदना पसन्द करता हूँ तो मुझे यह भी नहीं पता कि लाभ का अर्थ क्या है और मेरी एप्रोच जिम्मेदारी की भावना से दस योजन दूर है।

यदि हम अपने दस सेंट को जिम्मेदारी से, सबसे अधिक लाभ वाली जगह पर नहीं खर्च कर सकते, जिससे हमारे दस सेंट अधिक सार्थक हों तो फिर जीवन खर्च करना कैसे आएगा? परिस्थितियों की बदनसीबी और ऐसी निराशाजनक एप्रोच पर मुझे रोना आता है।

मनुष्य को अपना जीवन जीने से कितना सन्तोष होता है, इसका आधार इस बात पर है कि मनुष्य कितना जिम्मेदार है? गैर जिम्मेदार मनुष्य सुकुमारता में रचा-पचा रहता है, भौतिक भोग-विलास में गोते

लगाता रहता है, बुजदिली में पलता रहता है और इसी में उसका जीवन समाप्त हो जाता है। जीवन का अर्थ क्या है, वह कभी जानता ही नहीं, ठीक वैसे ही जैसे परिश्रम न करनेवाले व्यक्ति को फाइव स्टार होटल में भी स्वाद नहीं मिल पाता।

आप सोचिए, हमें यह भी नहीं पता चलता कि हमारी जिन्दगी निरर्थक तो नहीं बीत रही? हम यह भी नहीं सोच पाते कि अपने जीवन को अधिक अर्थपूर्ण कैसे बनाएँ? कोई भी जीवन अधिक से अधिक अर्थपूर्ण हो सकता है, लेकिन हम इसके लिए तैयार नहीं होते। सुरक्षित जीवन के चाहनेवाले जो ठहरे!

मैंने कुछ समय पहले उमाशंकर जोशी की एक कविता पढ़ी थी। उस कविता का शीर्षक मुझे ठीक से याद रह गया है। कविता का शीर्षक था, 'तूने क्या किया? (तें शुं कर्युं?)' मुझे ऐसा कोई दिन इस तरह बिताना पसन्द नहीं है, जिस दिन रात को सोते समय इस प्रश्न का कोई उत्तर मैं न दे सकूँ। ऐसा उत्तर जिसे देते समय मेरा मन सन्तोष से छलक जाता है।"

हम अपनी जवाबदेही, अपने परिवार की जिम्मेदारी, अपने मित्रों और समाज के प्रति अपने दायित्व को ही नहीं समझते। विचार करें तो समझ में आये न!

खून, बलात्कार, हिंसा, ड्रग्स, अनाथ बच्चे, फुटपाथ पर सोते लोग, बेरोजगार, मार्गदर्शन के अभाव में दिशाहीन युवक, रोगी, भ्रष्टाचार में फँसे लोग, बेईमान बनते लोग, असत्य की राह जानेवाले लोग...क्या इनमें हमारी, आपकी या मेरी कोई जिम्मेदारी नहीं है? तो किसकी जिम्मेदारी है? पुलिस की? न्यायाधीश की? तो मैं और आप कौन हैं? आप और मैं, अपना फर्ज, अपनी जिम्मेदारी नहीं उठाएँगे तो पुलिस और न्यायाधीश अपनी जिम्मेदारी क्यों उठायें?

"तूने क्या किया?"

प्रेम करना सरल नहीं है।

मित्र या सहेली के कन्धे पर हाथ रखकर मधुर संवेदनाओं का अनुभव करना, पार्टियों में जाना, घंटों बेकार की बातें करना और अपने या किसी और के राई जैसे दुःख को पहाड़ बनाकर आँसू बहाना क्या प्रेम है? यदि है तो प्रेम का यह सबसे छिछला और निर्बल स्वरूप होगा। प्रेम का एप्रोच इतना छिछला नहीं हो सकता, वरना हम सब महान न होते।

आप सब मुझे बहुत प्रिय हैं, इसीलिए मैं आपसे यह सब कह रहा हूँ। मैं जानता हूँ कि आप सब मुझमें बड़ी श्रद्धा रखते हैं, इसीलिए यह प्रयास कर रहा हूँ। मुझे अपनी जवानी बहुत प्रिय है और मुझे अपने यौवन को बनाए रखना है। कितना अनमोल है हमारा यौवन! आपका यौवन भी कायम रहे, आपको भी अपनी कीमत समझ में आ जाए, इसी में मेरा स्वार्थ निहित है। और आप तो यह जानते ही हैं कि मनुष्य कर्मों से युवा होता है, शरीर से नहीं।

मिलिट्री म्यूजिक यानी प्रेम, ऐसा मैंने आपको पहले समझाने की कोशिश की थी। जैसा मैंने कहा था, दोनों वस्तुएँ आवश्यक हैं। दोनों पहलुओं की जरूरत है। फिर भी यदि मुझे दोनों में से पहले किसी एक को चुनना पड़े तो मैं निःसंकोच 'मिलिट्री' शब्द को चुनूँगा। मैं यह बड़े दृढ़तापूर्वक स्वीकार करता हूँ कि जिम्मेदारी पहली सीढ़ी होनी चाहिए। दुनिया को कलाकारों और सैनिकों की एक समान जरूरत है, लेकिन अनुभव से मैंने एक कड़वी बात सीखी है। कम कुशल कलाकार की अपेक्षा कम कुशल सैनिक अधिक अच्छा है, अधिक स्वीकार्य है। मेरे शब्दों को मत पकड़िए। मेरी भावनाओं को समझने की कोशिश कीजिएगा, नहीं तो धोखा खा जाएँगे। फिल्म इंडस्ट्री के तथाकथित कलाकारों ने देश के यौवन का सत्यानाश करने में बहुत बड़ी भूमिका निभाई है जबकि यदि आज भी किसी से युद्ध होता है, तो हिन्दुस्तान अपने जवानों पर आँख मूँद करके विश्वास कर सकता है।

मैं जो कुछ भी कह रहा हूँ, उसे उपदेश मत समझिए। कृपया मेरी व्यथा समझने की कोशिश कीजिए। मेरी बहुत-सी मर्यादाएँ हैं। जिम्मेदारियों के लिए मैं सतत् कुछ-न-कुछ सीखता ही रहता हूँ। लेकिन आज मैं इस स्थिति में हूँ, जहाँ से परिस्थितियों को आपकी अपेक्षा सम्भवतः अधिक स्पष्ट देख रहा हूँ। सच्चाई को आपके सामने लाने का ईमानदारी से प्रयास करना मैं अपनी जवाबदेही समझता हूँ। उस जवाबदारी से प्रेरित होकर ही यह सब आपसे कह रहा हूँ।

खैर, अल्बर्ट स्वाइत्जर की भावना ही मेरी भावना है, यह आपसे कहना चाहूँगा। जब तक मैं किसी सृष्टि का हिस्सा हूँ, उस सृष्टि के किसी भी अन्य अंश की सकारात्मक रूप से मदद कर सकने योग्य होऊँगा, तो मैं वैसा करूँगा ही।

ऐसा नहीं है कि मुझे वह करना चाहिए, इसलिए ही मैं उसे कर रहा हूँ बल्कि मुझे वह करना ही चाहिए। मुझे ऐसा ही करना अच्छा लगता है। ऐसा करना मेरा हार्दिक चयन है और यह चयन मेरे लिए मेरी जिन्दगी का भी चयन है। मैं अपने जीवन के प्रति अपनी जिम्मेदारियाँ निभाऊँगा ही। हाँ, जिन्दगी मेरा साथ छोड़ सकती है, लेकिन मैं उसका साथ नहीं छोड़ूँगा। कारण कि यदि मैं जिन्दगी का साथ छोड़ दूँ तो किसका साथ निभाऊँ? यदि मैं अपनी जिन्दगी से प्रेम नहीं करता तो फिर किससे प्रेम कर सकता हूँ?

क्या है दुःख?

अभी मैंने आपसे कहा कि अनुग्रह से, नम्रतापूर्वक किसी को कुछ भी देने से प्रेम का सृजन होता है। देना, प्रेम की परिभाषा का एक पैमाना है। अब शेष दूसरे पहलू की बात करें।

दूसरा पैमाना है, सहना। दुःख सहने की शक्ति, मनुष्य के प्रेममय होने की शक्ति दर्शाती है, ऐसा मैं दृढ़तापूर्वक मानता हूँ और आपको मुझे इतना ही समझाना है।

हमें दुःखी होना अच्छा नहीं लगता, सही है न? दुःख आए, संकट आए तब रोना आता है। दुःख जल्दी से दूर हो, इसके लिए मनोमन ईश्वर से प्रार्थना करते हैं। और सामान्यतः दुखी हों ही नहीं, ऐसी कामना भी करते रहते हैं, ठीक है न? यहाँ बैठा कोई भी ऐसा नहीं होगा जो जानबूझ कर दुःखी होना चाहता हो।

हमें दुःख कब-कब होता है, इसे थोड़ा समझ लें।

पिन चुभे अथवा पाँव में काँटा लगे तब, खूब सर्दी हो गई हो और सिरदर्द कर रहा हो तब, बीमारी के बाद बहुत कमजोरी लग रही हो तब, सभी के पास मोटर साइकिल हो और हमें साइकिल से जाना पड़ता है तब, परिश्रम करने के बाद भी परीक्षा में सफलता न मिलती हो तब, हमारा कोई आदर न करता हो तब, घर में हमें कोई समझता न हो और बार-बार हमारी भावनाएँ आहत होती हों तब, मित्र हमें धोखा दें तब, अपनी इच्छा के विरुद्ध कुछ करना पड़े तब अथवा इच्छा होने पर

करने को न मिले तब, हमारे जन्मदिन पर हमारा प्रिय व्यक्ति शुभेच्छा न दे तब, तब हमें दुःख होता है।

लेकिन हमारे इन दुःखों से अलग कुछ और दुःख भी हैं, हमें जिनका अनुभव करना अभी बाकी है। ऐसे दुःखों को भी समझ लेना चाहिए। इससे हम अपने दुःखों को और अच्छी तरह से समझ पाएँगे और फिर इन दुःखों का निवारण भी खोज सकेंगे।

छोटी उम्र में जिनके माता-पिता का देहान्त हो गया है और प्रेम के अभाव में जिनका विकास रुँध गया है, ऐसे मासूम बच्चों के दुःख की कल्पना आपने की है? शराब के नशे में धुत्त रात में घर आकर पति की मूढ़ मार की पीड़ा सहनेवाली, पति के डर से हिरनी की तरह काँपती पत्नी के दुःख की आपने कल्पना की है? एक बहुत ही गरीब, लेकिन संवेदनशील माँ, जो अपने बच्चे को एक ग्लास दूध न दे सकती हो, जिसकी आँतें भूख से सूख रही हों, ऐसी स्त्री के दुःख की कल्पना की है?

भारत और सुविधाभोगी भारतीयों की रक्षा के लिए अपने जीवन का बलिदान देनेवाले, भूखे-प्यासे और निरन्तर अनुशासन में रहकर सीमा पर सदैव चौकन्ने रहनेवाले जवानों के दुःख की कल्पना की है? किसी पुलिस स्टेशन की कोठरी के पीछे जिस स्त्री का एक ही रात में दस-दस पुलिसवालों द्वारा बलात्कार हुआ है, ऐसी असहाय स्त्री के दुःख की कल्पना की है? किसी उत्साही और आशावान युवक की आकस्मिक मृत्यु हो जाए तब उसके माता-पिता के दुःख की कल्पना की है? आतंकवादी किसी बस को रोककर उस बस में बैठे सभी निर्दोष सवारियों को ऑटोमेटिक गन से मार रहे हों, ऐसी सवारियों के दुःख की कल्पना की है? सेंट्रल जेल में उम्रकैद की सजा काट रहे एक जवान कैदी की, जिसे अपनी गलती का एहसास हुआ है, जिसने कठिन पश्चात्ताप किया है, फिर भी आजीवन कारावास में रहनेवाला

है, उसके दुःख की कल्पना की है? सच्चाई और ईमानदारी के रास्ते चलनेवाले, अत्यन्त अन्याय सहन करनेवाले, बाल सफेद होने पर भी जिसके जीवन में आराम नहीं है, ऐसे जिन्दादिल इनसान के दुःख की आपने कल्पना की है?

घास-चारे के अभाव में भूख से तड़पते अकालग्रस्त पशुओं के दुःख की कल्पना की है? पिंजरे में कैद पक्षी जिसने कभी भी आकाश की मुक्तता का अनुभव नहीं किया, उसके दुःख की कल्पना की है? जहरीले और प्रदूषित वातावरण में जिसका दम घुट रहा हो, फिर भी एक शब्द न बोल पानेवाले वृक्ष की वेदना को पहचाना है? बूचड़खाने ले जाई जा रही गाय या बकरे के दुःख की आपने कल्पना की है? अपनी ही सन्तानों द्वारा जिन पर अत्याचार हो रहा हो, ऐसी पृथ्वी के अन्य स्वरूपों के दुःख की कभी कल्पना की है?

अपने ही शहर में, कड़कड़ाती ठंड के दिनों में आधी रात में काँपते हुए और बेमौत मरनेवाले मनुष्यों के दुःख की कल्पना कभी की है? सुदूर गाँवों में जिनको यह भी पता नहीं है कि शिक्षा क्या है, ऐसे वृद्धों और छोटे बच्चों के दुःख की कल्पना की है? आज से पच्चीस, पचास या पाँच सौ वर्षों के बाद हमारी भावी पीढ़ी को जिस हालत में जीना पड़ेगा, उनके दुःखों की कल्पना करने के लिए समय हमारे पास है? आप ऐसा मानते हैं कि आप दुखी हैं। कहाँ है दुःख? हमें अपने दुःख पर रोना क्यों आता है, मुझे तो यही समझ में नहीं आता। कहाँ है दुःख, कोई मुझे बताएगा?

दुनिया में कितना गम है, मेरा गम कितना कम है
लोगों का गम देखा तो मैं अपना गम भूल गया।

जब मनुष्य वेदना के महासागर पर बैठा हो, उस समय उसकी आँखों से जीवमात्र के प्रति जो अमृत झरता है, शायद उसी को

करुणा कहते होंगे। दुःख की बूँदों से डर जानेवाला व्यक्ति वेदना का सागर नहीं तैर सकता और प्रेम में सराबोर भी नहीं हो सकता। आज तक विश्व ने ऐसी कोई महान आत्मा नहीं देखी, जिसने अतिशय वेदना का अनुभव न किया हो। वास्तव में तो प्रत्येक महान व्यक्ति की महानता की जड़ें वेदना तक जाती ही हैं। फिर वे गौतम बुद्ध हों, मदर टेरेसा हों, चार्ली चैप्लिन हों या फिर सुकरात हों। सभी की महानता की जड़ें वेदना की जमीन में फैली हुई हैं, करुणा के जल से सींची हुई हैं।

वेदना तो आशीर्वाद है। दुःख की अनुभूति ही मनुष्य को दिव्यता की ओर ले जा सकती है। उसे हँसकर स्वीकार करना चाहिए, न कि खिसियाकर। उसमें से कुछ सीखना होता है, सृजन करना होता है। आँसू बहुत कीमती होते हैं। उन्हें यूँ ही बहाना या बरबाद नहीं करना चाहिए।

मैं अभी भी समझ नहीं पाता हूँ कि जब खराब परिस्थिति हो, संकट का समय हो, दुःख का अवसर हो तब मनुष्य ईश्वर का आभार क्यों नहीं मानता! ईश्वर के प्रति कृतज्ञता ज्ञापित करने का कितना सुन्दर अवसर होता है! दुःख का निवारण दुःखद परिस्थितियों से कुछ सीखने में है। आँसुओं का निवारण सत्कर्मों में उनका रूपान्तरण करने में है।

We must learn to translate our tears into a good and meaningful life.

ईश्वर से हम एक प्रार्थना करेंगे। यौवन को शोभा दे ऐसी प्रार्थना!

हे ईश्वर,
मुझे अपने जीवन को खूब सार्थक बनाने में मदद कर।
मुझे खूब वेदना दे। मुझे केवल सुख नहीं चाहिए।
मेरा पूरा अस्तित्व वेदना से छलक जाना चाहिए।

मुझे अपने हिस्से की तो ठीक,
हो सके तो मेरे दोस्तों की वेदना भी मुझे दे।
और साथ-साथ ऐसी शक्ति भी दे जिससे
उस वेदना को मैं सहन कर सकूँ, पचा सकूँ
और दूसरों का दुःख कम करने के लिए हर सम्भव प्रयास
कर पाऊँ।

सृजन

प्रेम की परिभाषा का अन्तिम पैमाना है, सृजन।

सृजन के अलग-अलग अर्थों के सम्पर्क में मैं आया हूँ। जब कोई कलाकार अपनी कला से सुन्दर कलाकृति को जन्म देता है तो उसे भी 'सृजन' कहता है। कई फिलोसॉफर प्रत्येक क्षण को पूरी तन्मयता से बिताने को भी सर्जनात्मकता कहते हैं। ये दोनों अर्थ अपनी-अपनी जगह योग्य और उचित ही हैं।

जब प्रेम के सन्दर्भ में 'सृजन' शब्द को समझने की बात आती है तब दुविधा होती है। अपने अब तक के अनुभव के आधार पर सृजन और सर्जनात्मकता के विषय में अपनी समझ बताता हूँ, लेकिन मेरी मर्यादाओं को ध्यान में रखकर सुनिए।

मैं एक साधारण युवक था। अपने भूतकाल का प्रतिबिम्ब जब मैं अपने दोस्तों में देखता हूँ तब मेरे भीतर प्रीति का फव्वारा फूट पड़ता है। मित्रों को अपने बहुत नजदीक अनुभव करने के कारण, आत्मीयता के कारण यह प्रीति मेरे हृदय में उमड़ती होगी। यदि किसी को ऐसा लगता है कि मैं बड़े आडम्बर और अभिमान से बातें कर रहा हूँ तो एक बात स्पष्ट कर दूँ।

'पहले मैं साधारण था' का अर्थ यह है कि औसत युवक या युवतियों में दिखाई देनेवाली कमियाँ मुझमें भी थीं। आत्मविश्वास की कमी, ध्येय का अभाव, हीनता बोध और दूसरे भी बहुत कुछ!

पिछले कुछ वर्षों से मुझे यह एहसास होने लगा है कि मेरे भीतर एक बहुत ही असामान्य, असाधारण मनुष्य पड़ा हुआ है। मेरे भीतर ही कोई दिव्यता छिपी है जो बाहर आने को मथ रही है। समाज की प्रणालियों, साहस की कमी और गलत अधिगमों के कारण वह दिव्यता बाहर नहीं आ रही थी, लेकिन किसी प्रक्रिया से इस दिव्यता को जरूर बाहर लाया जा सकता है। क्या करने से इस दिव्यता के एहसास को वास्तविकता में बदला जा सकता है?

एक ऐसा समय था जब मैं महात्मा गांधी, लियो तोल्सतोय या आइंसटाइन बनने के स्वप्न देखता था। आज मैं संजीव बनने के सिवा और कोई कल्पना भूले-चूके भी नहीं करता। दिनोदिन मैं अपने भीतर के संजीव के प्रति अहोभाव अनुभव कर रहा हूँ। वह संजीव जो बाहर निकलना चाहता है और बाहर निकलकर सम्पूर्ण सृष्टि के साथ एकाकार हो जाने को तड़प रहा है।

बस, यह जो मेरी अनुभूति है, इसे ही मैं सृजन की घटना मानता हूँ। मेरे भीतर की दिव्यता आहिस्ता-आहिस्ता बाहर आए, सम्भवतः यह प्रक्रिया ही सृजन है।

दूसरी भी एक कौतुक की बात है। मेरे भीतर की दिव्यता बाहर आने की क्रिया यह कोई विशेष घटना नहीं है। मेरे साथ-साथ ही मेरे आसपास ऐसी कई घटनाएँ हो रही हैं। जैसे-जैसे मैं अपने 'स्व' को, मेरे भीतर के असाधारण मनुष्य को बाहर लाने का अधिक प्रयास करता हूँ, वैसे-वैसे मेरे आसपास का संसार झूमने लगता है, अधिक से अधिक सुन्दर होने लगता है।

यह प्रक्रिया, जो जीवन-भर चलती ही रहेगी, इसमें अनेक मुसीबतें आती रहती हैं। कुछ ऐसी बाधाएँ होती हैं जब भीतर की दिव्यता बाहर आने में झिझकती है और ऐसी तमाम बाधाओं के समय मुझे एक ही उपाय, एक ही समाधान, एक ही युक्ति हाथ लगती है, और वह है—प्रेम।

कभी नम्रता, कभी स्वाभिमान, कभी देखभाल, कभी अनुशासन, कभी उत्साह, कभी क्षमा और ऐसे ही अन्य तत्त्वों का अलग-अलग या सामूहिक उपयोग करके मैं अपने भीतर की दिव्यता को बाहर लाने के लिए अविरत मंथन करता रहता हूँ।

मुझे बड़ी श्रद्धा है कि एक दिन मुझे दिव्यता के पूर्ण स्वरूप का एहसास अवश्य होगा, जिसे मनुष्य ने ईश्वर का नाम दिया है और यही मेरे जीवन का उद्देश्य है।

जब-जब कोई मनुष्य अपने भीतर के ईश्वर को बाहर लाने का प्रयत्न करता होगा, तब-तब इस सृष्टि पर सृजन होता होगा।

जब भी मैं आपको इस अनुभूति को पाने में मदद कर सकूँ तब मुझे बहुत अच्छा लगेगा। ऐसा करने पर मैं भी अपने ध्येय की ओर आगे ही बढ़ूँगा। सच्चाई यह है कि इस सृजन में मित्रता और मित्रों का योगदान कम नहीं है। हमारे सृजन में मित्रों के प्रोत्साहन, देखभाल, सूझ, क्षमादान और सहयोग की कितनी महत्त्वपूर्ण भूमिका होती है! इसीलिए सृजन में परस्पर सहायता के समय जो अनुभव होता है, वही प्रेम है न!

मुझे आपसे मित्रता तथा दोस्ती की बात भी करनी है, लेकिन वह फिर कभी...!

उपसंहार

मित्रो, प्रेम वास्तव में वैज्ञानिक विषय है। भले ही हमसे किसी ने कहा हो या नहीं, भले ही हम मानें या नहीं, भले ही हम किसी से कहें और सुननेवाला हम पर हँसे—लेकिन प्रेम सीखा जा सकता है। प्रेम का विज्ञान है और प्रेम की कला सीखने का साहित्य भी उपलब्ध है।

लियो बस्केग्लिया की 'लव', एरिक फ्रोम की 'आर्ट ऑफ लविंग', स्कोट पेक की 'द रोड लेस ट्रॅवेल्ड' और ऐसी कई महान पुस्तकें प्रेम क्या है, सच्चे और झूठे प्रेम में क्या भेद है, सच्चा प्रेम सीखने और उसके अभ्यास के लिए क्या करना चाहिए, इन सभी मुद्‌दों का हमें विधिवत् मार्गदर्शन देती हैं।

मेरे लिए प्रेम जीवन का एक बड़ा ही महत्त्वपूर्ण विषय है। आपके लिए भी यह उतना ही महत्त्वपूर्ण विषय होगा, इसका मुझे विश्वास है। मेरी इस पुस्तक 'प्रेम' में मैंने केवल अपनी सीमित समझ और सफर की बात की है, परन्तु मेरा उद्‌देश्य केवल इतना ही है कि प्रेम के विषय में आपमें भी रुचि जाग्रत हो, विषय के रूप में

आप भी प्रेम का अध्ययन करें, जीवन की प्रयोगशाला में प्रेम को परखें, सच्चे प्रेम की अनुभूति स्वयं करें और दूसरों को भी कराएँ। यदि मेरा इतना-सा हेतु सिद्ध हुआ होगा तो इस पुस्तक का लेखन सार्थक है।

इस पुस्तक लेखन को आपके प्रति मेरा प्रेम कह सकते हैं या नहीं?